航向田納西

沈定濤著

文學叢刊
文史哲出版社印行

國家圖書館出版品預行編目資料

航向田納西 / 沈定濤著 -- 初版 -- 臺北市：
文史哲, 民 102.12
頁; 公分（文學叢刊；312）
ISBN 978-986-314-164-8（平裝）

855　　　　103000013

文學叢刊 312

航向田納西

著　者：沈定濤
出版者：文史哲出版社
http:// www.lapen.com.tw
e-mail：lapen@ms74.hinet.net
登記證字號：行政院新聞局版臺業字五三三七號
發行人：彭正雄
發行所：文史哲出版社
印刷者：文史哲出版社
臺北市羅斯福路一段七十二巷四號
郵政劃撥帳號：一六一八〇一七五
電話886-2-23511028・傳真886-2-23965656

定價新臺幣三五〇元

中華民國一〇二年（2013）十二月初版

ISBN 978-986-314-164-8　　09312

航向田納西

目次

字裡行間閱讀大學生

誰能把大學生書寫文字讀入心坎，閱歷一場性靈上享受？

一、

交通大學教務處爲了回應——重新反思大學發展方向，回歸以學生爲主體，以卓越教學爲標竿的治學理念等思潮與訴求，以及教育部也積極敦促各大學成立「教學發展中心」，特於二〇〇七年三月二十八日正式成立該中心。

回想起那年暮春，研究室電話鈴聲響起。拿起聽筒，教務處同仁在電話另一頭告知，五月十八日，中心已邀請美國杜克大學寫作中心主任哈理士（Joseph Harris）博士，來校作一系列專題演講「學術寫作教學工作坊」。屆時，希望我能出席充個場面。對於國際頂尖大學教學單位主管蒞校訪問、交流，自是十分期待。

初見哈理士博士，是工作坊正式開講前一天，五月十七日，黃昏，於浩然圖書資訊中心八樓第二會議室。這是一場由教務處所主持交流會談。

席間，美國教授分享如何將專業領域中寫作訓練融入大學部課程。會談開始，我詢問了教務處此次國際教學交流議題是針對「英文寫作」爲主？抑或兼具「中文寫作」？答案是兩者兼顧。沒多久，再諮詢訪問學者：「如果在一個班級約四十人左右課程，如何有效推行學術寫作教學？」他賣個關子說第二天正式工作坊討論會中會提到外，不過也簡略地建議班級人數，最好控制在十五至十八人之間。當然，這得要有學校支持；另外，在大班情況下，只得縮減爲兩、三個重點教學方式，以提升品質。

對談中，美國教授順便介紹杜克大學寫作課程之設計，基本上，分爲三大部分。

首先，第一年學術寫作訓練（**First-Year Writing**），以大一、大二學生爲主，並聘請對寫作有專精之士任教。

其次，專業領域裏寫作訓練（**Writing in the Disciplines**），此爲未來潮流之一。此階段，不但有更多進階課程在系所內開課，且以系上教師帶領學生，以寫作爲手段去探討專業領域中重要議題。系上教師全程參與課程之設計、任教及評估等工作。學生將學習如何撰寫與專業領域有關的檔案研究、田野報告、實驗室筆記、備忘錄、摘要、會議文獻、海報、評論性等論文。

接著爲寫作中心（Writing Center），一種類似家教式寫作中心。協助校內所有不同程度學生，以提高其寫作能力。大學會培訓一些寫作能力佳的大學生及研究生爲家教，針對學術寫作需要改進學生們，採取一對一檢視與協助。

另外，他又強調杜克大學支持教師參與專業寫作課程幾個方向：詳細、充分地重新設計不同課程；小班制（十五至十八人）；舉辦教學工作坊，以交換經驗；紮實地規劃、推行第一年學術寫作之課程及寫作中心之運作，和重視教學成果。

二、

提到寫作中心，勾起坐在會議中的我回憶當初在美國讀書時一些零星片段。那時，博士班助教獎學金主要工作項目，爲設立於英文系館內全校性質「寫作中心」擔任接待聯絡人一職。一週排班二十小時，身負著學生家教（大學生、研究生擔任）和來中心尋求寫作方面協助的大學生們兩者之間橋樑。

周一至周五，每天排班四個小時，不是整個上午，就是整個下午。求助大學生一進寫作中心大門，我就會先招呼接待，然後請他們在登記簿上簽名、塡寫系別等資料。然後起身，引他們認識當時值班家教。這些家教都是正在就學大學生或研究生。每一位家教寫作能力，都被當時英文系檢定過後推薦。助教和學生，兩人會擇一開放式半牆高小隔間內，進行文法、句型或寫作結構諮詢服務與學習。告一段落後，家教忙著節錄協助的內容並存檔。雙方並決定，是否有需要再約下回諮商時間。

當生意冷清、車馬稀，我也樂得看書。而坐在沙發區待命男女大學生家教們，更樂得談天說地。助教們偶爾也會走到我接待辦公桌邊，聊上幾句、嘻哈一陣。由此，略知誰失戀了，誰家父母要來校園探子，誰要去哪過感恩節或聖誕節，誰有近憂，誰有遠慮，當然還有誰是戀愛中幸運王子和公主？有次，竟問我要不要去參加他們周末當晚青年男女周末狂歡派對？

三、

記得美國哈里士主任又說，學術寫作課堂中學生們不僅可身為書寫者，亦可扮演編輯評論雙重角色。例如學生三人或兩人一組，彼此鑑定對方寫作問題所在，及對彼此寫作表現提出一些建言。老師則觀察與評估學生們之間互動。

這可又想到早年在國外選修博士班「創意寫作」（Creative Writing）課程往事。當時任課教師將主題寫作採漸進方式，即第一篇習作以較易切入主題如大眾經驗、回憶為題材

（general）。第二篇以獨特觀察角度來描繪一個人或事等（specific）。第三篇爲學術論文寫作（essay）訓練爲主。仍記得，教授於每堂課一開始都會引導、指出方向後，讓三至四位學生當眾朗讀自己寫作內容，及分享當初撰寫期間不同心路歷程。接下去，老師邀請班上其他學生當眾對不同發表作品去評審、提出建議或發表感言等。最後，老師就每篇作品講評，哪些部分是優點或需要改進之處，作個總結。

四、

次日，五月十八日專題工作坊系列演講、討論會正式登場。由於當日上午得教課，於是延至十點半左右才匆匆趕至現場。當日主題有四：大學部寫作課程之探討；如何架構一門專業學術寫作課程；如何設計有效寫作課業；如何有效回應學生寫作。

現場聽演講，挑選了幾項內容，作爲自己在未來開設寫作相關課程參考。例如教師設計有效寫作規劃時，要注意草稿（Drafting-generating text）、修訂（Revising-working with text）、校訂剪輯（Editing-working on text）。修訂，即檢視草稿結構及主題思想、作品前後一致性、每一處更動與否均要和文章主題相關。修訂和草稿之改進，可藉由教師指導下專題討論會、同儕工作坊（可三人一組等）及論文評論等方式進行。校訂剪輯，就是檢視言辭與用語，每一處更動之考量。至於校訂剪輯之改進，可藉由學生二人一組、一對一師生面談，或透過寫作中心等方式進行。不過，最好鼓勵學生在校訂剪輯或校對前，能先自行修訂、檢查一下全文架構與內容。

要求學生去閱讀、加強分析方面，除了教科書，亦可參考課外專業書籍及期刊、專題文獻或評論文章；多參與提案、會議論文、海報、報告書、評論雜誌；教師自己半成品著作。換句話說，除了專業領域學者著作，學生自己寫作文稿或教師半成品稿件均可供為班上閱讀文本、討論題材。

論到課堂上討論學生寫作，可依老師引導下專題討論會（Seminar Discussion）中，準備上台報告學生可為班上其他同學影印一份大綱、重點內容。要不然規劃課堂上舉行專題小組討論會（Panel Discussion）或分成若干小組討論（small groups）。

善用學校資源方面，可鼓勵學生多加利用如寫作中心、專題演講、工作坊、網上資訊或師生網上互動。

末了，杜克大學寫作中心主任強調，教師藉由寫作課程來教授專業領域知識之際，勿忘多鼓勵學生賞讀專業領域中精彩著作。至於課堂上，多多採用寫作練習方式，以及公開討論學生們的寫作，並依據不同反應和建議，來做一些適度修訂。讓學生學習到專業領域中不同寫作種類與用法等知識。演講者同時深信教師熱情於教學中，方有良好師生互動可言，優良教學成果進而彰顯出來。

五、

其實，早在杜克大學和交大就「學術寫作教學」交流之前，所有西洋文學班級上，我都會要求學生在課堂現場提筆。比方說尚未介紹文學作品主題重點前，提供學生一個思考自己人生機會，再藉筆耕來認識經典人文世界裡真善美。藉此，每每進入這扇文字窗口之餘，更賦予我神遊在新一代年輕人「感」和「悟」裡……

至今印象深刻，當介紹到英國浪漫時期兩位詩人作品中，一爲永遠喜愛事物，一爲奇異的夢。大學生在課堂上藉由筆尖流露出來追述與省思，溫熱了我無數晨昏。

電子工程系男生：從過去、現在，甚至到未來，深信在心中最鍾愛一直是天空，尤其是蔚藍燦爛晴空。仰視一望無雲天空，一種自由的感動油生。喜愛陽光灑曬全身。晴空，是夢，我願成爲它的一部份。我想，如果我生成天空，就可以永遠樂享自由和溫亮。不論身在地球何處，何其有幸，天空總相隨左右。

生物科技系女生：基本上，小時候所喜歡和現在所喜歡事物大不一樣。若一定要說，可以說我喜歡看東西。小時候，我喜歡看海，看天空，看大自然正在做什麼。不過，現在我卻喜歡看人，看小孩子，看不同人物，臉上不同表情。看形形色色世人，做千變萬化事情。我想以後老了，我還是會喜歡靜靜地觀看這世界變化，欣賞多變世界，回味無常人生吧。若要問我為什麼喜歡「看」，我的答案是因為它很有趣。說也說不上來，或許是個性使然，而後再加點「習慣」吧。

管理科學系女生：從小，我就很喜歡看水族箱或生態實驗池。每次到了水族館，就會在那駐足許久，不論是觀賞游來游去水中魚兒，或是水族箱造景。也不知道為什麼，就是喜歡看，也會很不乖地把手伸進水中，想靠近那些魚。國小五、六年級時，校園中建了一座生態實驗池。那時幾乎一有空，就會想跑去那兒看看、玩玩。前幾個禮拜我和妹妹一起去國小打球（已有好幾年沒有回去國小了）。偶然經過池子，在哪駐足許久，看到了好多好多青蛙。在國中推甄高中階段，考試當天進入學校，就發現學校裡有一個好大好大魚池。那時候就非常興奮，希望可以考上這所學校，這樣就可以常常在池邊逗留。如願考上，開學沒幾天，還沒機會摸清學校地理位置，就發生了九二一大地震。結果，那個生態池卻被震毀了，讓我難過好久。經過好幾個月修復，變成比較小的池子。不過，還是覺得高興，常在下課十分鐘空檔，拉著同學去池邊走走瞧瞧。高中時，學校生物研究社裡養了許多動物。每次一進入生物研究社辦公室，我就會直接走到生態實驗缸，看看水裡動物。同學都覺得特別，因爲多數人走進生研社的社辦，都會玩玩貓摸摸兔子，只有我一直喜歡水族箱。

電子物理系男生：睡覺，是我從小到大都不會改變的最愛。睡覺可以補充體力，也可以讓自己完全地放鬆，不用受到外界或內心壓力。睡覺可除去一切煩惱，一切煩惱可以因睡覺而減少很多。除此之外，睡覺時，多多少少都會作夢。夢雖然有好有壞，但是總能反映出潛意識，讓自己能夠瞭解內心深處。

材料系女生：喜歡外面下雨，而自己待在房間時，看著外面行人行路匆匆。聽著下雨聲音，就會覺得自己很幸福，慶幸能夠享受溫度。覺得窗外雨景，濛濛朧朧。雨水洗淨大地，世界一切都很美。

材料系男生：印象中，小時候什麼都很好玩，可是一時要記，卻記不起來。直到上了小學，看見學校男童軍就好羨慕，總是希望可以像他們那樣操步、露營、團康、營火（因爲家人堅持反對，說有什麼好？露營在野外很危險）直到上了國中、高中就自行參加了這種團體，但不是男童軍團，而是學警團（就是學生警察團）。從中認識了許多朋友，參加了許多野外露營……可說是充滿活力，好奇小伙子……我想，老了，如果健康沒有問題狀況下，還是會參加露營。

應用化學系男生：我住在南投市——不靠海城市。所以小時候，對海並沒有多大認識。若要說有什麼印象，也僅止於電視和照片所印出來圖像。那時，我就很想看海。等我稍微長大一點，終於看到了海。那是一次和家人出去遊玩時候所見，那時只覺得大海蠻美。印象最深刻是在高三下寒假，那次寒假，我和一個好友計畫自助旅行。我們直接坐火車到台東，沒有任何計畫，一下車後，就決定到一個海水浴場玩。很巧，那裡還有提供帳棚，於是我們就決定住下來。那一次，想去旅行是因爲心情不好，所以想到處走走，整理心情。旅行第一天，我們幾乎看了一整天大海。下午，在那裡撿了貝殼。夜晚，就和同學坐在海邊，聊一聊心事，聽一聽海聲，感受微涼海風。總覺得大海能帶走煩惱，給我一種毫無拘束感覺。看著廣闊水面，聽著海水聲音，就感到非常舒服。現在不論到任何地方，都會去看看那地方的海。即使到老，仍然會不斷地尋找另一片海。

電子工程系女生：從小，爸媽就讓我學樂器。剛開始很不喜歡這種每天必做、感覺很乏味的練習功課。但學了一陣子，慢慢能去體會、欣賞一首曲子，懂得作曲家要表達某種情境。甚至是演奏，這讓我更沈浸在音樂世界裡。讀書讀累了、或者心情不好，都會想要拿出樂器來拉一下。現在上了大學，雖然對演奏樂器已經有些生疏，但還是喜歡聽音樂。靜靜地聆聽，平靜感覺。喜歡音符帶來一段傾訴。

資訊工程系男生：童年對藍色太平洋身影記憶，未褪。年幼，常在海岸邊遊蕩。海洋聲音、氣味和影像，至今都還佔據在心靈某個卑微角落，未逝。去年夏天，返鄉，還是花了幾個寂寞下午去親近海水。當時，炙陽、陣風和海鹽味道，融合在一起，都變成我的快樂，頓覺內心清涼，精神也跟著振奮、甦醒過來。

管理科學系女生：吃魚（每一種都愛），尤其是清蒸魚，感覺很幸福，還會覺得自己又「變聰明」了些。而且通常只有在家裡才能大快朵頤一番（嗯～有家的味道），和外面油炸魚截然不同。媽媽會親自調理鮮魚，現在回家都能吃到鮮魚。每週都很期待回家。老年，應該還會很愛吃魚！比較不膩，而且沒了牙齒也能吃。

管理科學系女生：從小到現在，也可能到以後，很喜歡陰暗天氣！我也不知道爲什麼。只是每當天氣陰沈下來，看不到半個太陽（下不下雨無所謂），再加上冷冷空氣，心情就會覺得非常好。反倒是看到太陽，會變得心情低落。簡單說，就是喜歡冬天。

應用數學系女生：從小就很喜歡畫畫，不論素描戶外景色也好，素描石膏像也好，畫水墨畫也好，畫自己想像中素材也好。其實畫得並不很專業，也從未真正學過，但卻一直熱愛作畫當中樂趣。因爲在作畫期間，心情得到完全放鬆，好像到了另一個世界，可以和自己在一起，可以和自己很親近。曾經畫到完全感受不到時間流逝。猛然一看錶，才發現已經半夜三點多。現在還是覺得很不可思議！喜歡畫畫，到老都不變。

電子工程系男生：與其稱之為「永遠喜愛」事物，不如稱之為一個我不斷在質問、在懷疑、在探討一件事：

一、我是什麼？我為了什麼被創造？我是在期望中出生？我之所以可以而不斷地存在是有目的？功能是什麼？

二、人的定義是什麼？我是個人嗎？如何去證明我的屬性與性質？

三、宇宙是可以用一組「萬有理論」加以定義與規範？宇宙是上帝專利品，還事物理定律的奴隸？

四、我有資格成為宇宙的一部份嗎？我也是被規範基本粒子與能量的方程式所限制？我是上帝所創造，還是隨機不預期組成？亦或是，上帝開一個玩笑？

五、我為什麼還要繼續活下去？

如果說，存在那麼一組自宇宙初始，大霹靂以來就規範與指導每一顆分子，每一個空間中行為與表現的「大統一理論」。這組理論方程式可以說是整個宇宙基本架構，方程式的「解」代表每一個細微部分的過去與未來。那麼，就是這個「解」，畫出了從過去指向未來唯一方向。那麼，我還有什麼活下去的目的？

於是，就是爲了尋找這個目的，我繼續呼吸。

資訊工程系男生：我喜歡打電動，從小第一次接觸，就喜歡上它。對當時的我而言，在電視螢幕上景物、人物竟然可以隨著手中搖桿而上下移動，這是多麼神奇而令人震撼一件事啊！後來隨著接觸各種不同遊戲，裡面有感動人心故事情節，悅耳動聽音樂，或是華麗壯觀畫面。就我而言，遊戲真是多種藝術結合啊！而且更重要，它不像一般藝術，只能被動欣賞。相對，遊戲能夠和我們互動，我覺得那種感覺相當好。即使到現在，還是常打電動，享受那種與藝術互動奇妙感覺。

電子物理系女生：聽風的聲音，可以想像自己在跟風對話。有時候，心情不好，就跟風訴說吧！把不愉快煩事都吐露出來，不再心煩。吹著風，讓風接觸自己肌膚，就好像是有人陪伴自己。孤單時，不覺得寂寞。心傷難過時，吹著風會讓我心情平復，不因外在事物而心情起伏很大。與風同在，覺得無比平靜。所以，喜歡聽風、吹風。

管理科學系男生：現在，甚至以後，我依然最喜歡萬里無雲的夜空。因爲每當心情煩躁，或是讀書讀累了，總是喜歡一個人佇立窗邊望著寬闊無際天空。頓時，覺得整個心情都沈澱下來，忘記所遇到挫折，也忘記許多煩惱。尤其是有星星或月亮夜晚，更讓我頓時充滿活力，感到無限希望！或許是在此刻，無垠夜空裡發光星星跟月亮，讓我感到希望仍存在。

生物科技學系女生：喜歡看小說。自國中接觸第一本小說後，就無法自拔地一直看下去了。直到現在，每個禮拜仍會看兩至三本。相信，即使年老，這仍會是我極大興趣。雖然很多人認爲看愛情小說非常不切實際，現時生活哪會有如此浪漫，專一不變感情？但我覺得，看小說不只看劇情，還包括了作家文筆。好的作者，光是欣賞她描述事物寫法，主角心情變化，思緒轉變就是一種享受。而且很喜歡跟著書中主角一起去感受劇情，爲他們不幸遭遇感到難過，爲美好歸宿感到快樂。每當看完一本，就好像過了不同人生一樣！每在閱讀同時，也能暫時忘卻俗事煩惱。所以，除了在閒暇時看小說打發時間外，如果遇到不如意，或有壓力時，我都會利用看小說方式來抒解（此外，許多作者都會根據自身經驗寫出故事。所以，有時候也能從書中學到作者想要呈現人生觀點）。

資訊工程系男生：看小說，我想我以後也會很喜歡。喜歡看的小說是屬於幻想類。在這些小說中，可找到不屬於現實某個地方、社會、甚至世界，去感受小說人物喜怒哀樂。「經歷」一些現實中不太可能發生奇事，心情不好或是煩憂時，可以幫助抒解。

管理科學系女生：從小就很喜歡關於音樂的東西，樂器呢就很想學鋼琴。小時候，聽著歌曲就彷彿自己唯一「任務」或是要去理會的東西，就只有聽或跟著唱，感覺很愉快！後來學拉小提琴以後，慢慢就學會用心地聽音樂，體會箇中感情，在音樂裡頭找到世界，找到自己！音樂和藝術一樣，是生生不息。正因爲這點，相信對它的喜歡也會生生不息。

電子物理系男生：喜歡激烈運動後全身發熱、汗如雨下。就算冬天，還會冒煙那種感覺，基本上這個運動是籃球。以前很喜歡，現在很喜歡，以後我相信會更喜歡。能盡情打球，是幸福。打完球，滿足，每一次都能給自己快樂，也能睡個好眠。

電子物理系男生：記得小時候出去玩看到了海，就會興奮，心情舒爽，吵著媽媽把海照起來。現在出去玩，也會有一樣感覺，不過現在是我自己照相就可以了。看到茫茫大海，覺得就很像敞開了心胸，全身都放鬆了，當然心情就會變好。另外，運動習慣是從小就養成，從國小開始就喜歡打羽球。可惜因爲課業繁重，都沒有參加校隊。到了大學終於如願以償，能代表學校參加大大小小比賽，感到很光榮也很高興。所以，到了老年還是會喜愛運動。

電子工程系男生：喜歡一個人走在路上、走在草皮上，聞著新鮮空氣，沒有拘束，沒有煩惱。不用在乎周遭人事物，不受時間限制，生活就是如此悠閒。一個人生活，其實最愜意。

工業工程管理系女生：小時候最喜歡盯著電視看卡通，現在仍然記得一些有名卡通例如「北海小英雄」，「櫻桃小丸子」，「麵包超人」。雖然有一些卡通現在已經不播映了，可是仍然記得那些卡通人物。現在已經上大學，仍然喜歡在空閒時候看卡通。像是「櫻桃小丸子」從小學五年級到現在都有播，我仍然很喜歡看。另外還有一些較新、播映時間較晚的卡通，我也都很喜歡看例如「蠟筆小新」，「哆拉A夢（小叮噹）」等等。我認爲看新聞是必要的，每個人都要關心並瞭解國家大事，可是我更喜歡把看卡通當作休閒娛樂。因爲它能幫我消除平常上課及考試上壓力，心情輕鬆愉快，讓我有心情去面對下星期課業壓力。相信老了以後，仍然會很喜歡看卡通，因爲它們永遠能夠讓我心情放鬆。

應用化學系男生：第一部看電影印象是去台北中山堂看國片。那兩個小時我過得很快樂，從那時候起，電影就成了嗜好之一。年紀越來越大，喜歡種類也越來越多！也漸漸接受較爲嚴肅主題的電影，例如「Frality」，「Take to her」。

六、

至於奇異夢幻，大學生們夢境裏千奇百怪和有趣：

夢到路邊光禿禿一棵樹，樹枝上佈滿了烏鴉，整片黑壓壓。站在路中間，不知道哪來一個聲音對我說：「應該等一下，就會變風箏了吧！」之後，跑進一間教室，空蕩蕩，我就在教室裡坐了下來。

被好多怪物追著跑，甚至躲回家時，家人居然都變成吸血鬼。自己要一個人拚命地掙扎，拚命地跑，想要趕緊逃開那個地方。但是怪物們好像永無止盡一而再，再而三地出現。就連躲到很隱密很隱密的地方都會被找到，每次都在被發現那一刻，就驚醒過來！

做了一個可怕夜夢，但是不知道生活中是否有人遇過。我們幾個人坐電梯，一進到電梯裡，突然電梯搖得十分嚴重。哇！原來電梯箱即將倒下。我們在裡面十分緊張。於是趕快各佔一個靠牆位置，以便當電梯倒下時，不會受重傷。於是，電梯快栽倒在最低落處，我便突然被驚醒。還以爲明天不敢再坐電梯。可是，還不是照樣坐上電梯。

夢見自己成了一位太空人。會作這樣一個夢，想必是從小我一直希望成爲太空人有關。而這個不可能夢想，一直隱藏在意識深處。夢中，出任務到一個不知名星球上去。當時，穿著太空衣並且攜帶各種研究設備，在星球上四處走動。那兒，我遇見一個巨大黑洞。由於天生具有冒險精神，我決定入洞一探究竟。洞內出奇地安靜而且漆黑。忽然間，我跌入地面上一個很深大洞……接下來，我只知道，一位受盡驚嚇的人正躺在床上，而那個人才經歷了一場恐怖但令人興奮莫名的夢！

早上第一、二節有課，要早起是件很痛苦差事。有時候我會夢到，自己突然很神清氣爽地甦醒過來，而且居然還不到七點。於是我很從容盥洗、吃早餐，還預寫了隔天報告作業，才悠哉地去上早課。可是就在這時候，被一陣急促敲門聲驚醒。我發現我還在床上！而門外的同學已經準備好要去上課了。「七點五十五分了！」她們說，我立刻彈坐起來，慌慌張張換洗一番，然後抓了一個麵包就衝出門……原來剛剛清閒氣氛都是假象。

不可能發生在現實生活中的夢，竟然是我夢見自己成爲一位歐洲職業足球隊員。夢裡，我不但球技超凡，同時和其他幾隊歐洲強隊也較量過。當時，我還是足球隊長，協助球隊贏得多場球賽勝利。

遇見一位理想中女孩。一位氣質可愛長髮飄逸、聲音甜美女孩出現在身邊。有著溫和脾氣，有耐心、有愛心地對待所有事物。有如巴黎冬天背景下，度過一個美好下午茶時間。

夢到有能力讓時光倒流，這樣周遭人、事、物便能達到完美。如考過試之後再回到從前再考一次，另外交女朋友就更容易了，可以先瞭解她之後再重新開始。悲劇發生後，也可以重來。也可以趁年輕時學一堆東西，因爲時光可以倒流啊！不再悔恨早知如此，何必當初了！好東西也可以盡情享用不盡。

怪夢，雖然不是一場惡夢，但是那場夢卻讓人全身冒冷汗。記憶中，夢中景象依舊多彩、清晰。去年，在一個平凡不過夜晚，夢見我結婚了，娶了一位老婆。我才十八歲，但是新娘確實讓我吃驚不已！夢中，她穿著一件寬鬆邋遢T-shirt，一條寬大長褲，就像馬戲團中小丑。她看起來大約四十五歲，近看，蓬頭垢面，就像一位我們常在傳統市場裡見到的歐巴桑。我嚇壞了！夢境又切換到另一個場景。我見她站在我面前，雙腿岔開，手中握著一把槍，對著已經被擠在牆角的我大聲吼叫：「你爲什麼不愛我？」然後，砰！槍聲響起。被嚇醒的我，眼前一片漆黑。

幾個星期以前，我做了一個夢，突然間本人英語會話能力流暢無比，能和老外無障礙地交談。至今仍記得我說中、英雙語。甚至，仍記得夢中一位人士告訴我一個英文單字。但是當我醒來，立刻飛奔去查字典看看那個單字是什麼意思？結果，你猜怎樣？字典中根本找不到那個單字。

小時候有一天夢到自己被很多雞腿壓住，快要不能呼吸了。就死命地踢，想要把壓在身上雞腿都踢開。一直掙扎了好久，然後突然感覺自己被踢了一下，就醒了。原來是自己一直在亂踢，踢到旁邊弟弟。但他一氣之下，就用力地踢我。

會漂浮，不用走路可以用飄的飄到想去任何地方。可以飄著，躺在空中休息或沈思。可以隨心所欲地控制重力場，使自己能自由自在活在自己控制的空間中，使自己能控制在空間中的位置以及運動，也就是飄。

小時候，很喜歡看卡通，尤其是小叮噹。有一晚，夢到自己也擁有小叮噹的法寶。我將竹蜻蜓放在頭上，從家中屋頂飛出，愈飛愈高，看到了整個市區。身體在空中隨風飄盪，不知不覺飛到雲端。於是我開始害怕，不知道怎麼回去？往後看去，一片烏雲飄了過來，轟的一聲，我驚醒了。眼前陽光四溢，原來天亮了，夢醒了。

一個夢，我變成一個女人了。夢中，不知道如何像女人一樣舉手投足。也不知道如何去化妝，使用口紅，穿戴胸罩，和穿高跟鞋。但是我必須是一個女人！更糟糕，我爸爸強迫我和一個男人結婚，就在那緊要關頭，我嚇醒了！

夢過一個人在海邊散步，天氣很好，海面上風平浪靜。當我正看著沙灘上人們開心地玩耍時，忽然天象大變，海上出現大海嘯。正當驚訝不已，就醒了。

高三推甄放榜後，順利考上交大，就開始看「一大堆」課外讀物，其中「希臘神話」讓我做了一個多禮拜的怪夢。比如說，夢到自己變成神，生活在雲端上，吃各式各樣美食，穿漂亮衣服，神遊全世界。比較恐怖部分，夢到自己痛苦地接受可怕希臘刑罰。白天看特洛伊戰爭故事，晚上則夢到自己變成勇士，參加戰爭，最後戰死在沙場上。Anyway, 每天看到什麼故事，夜晚夢中，終究變成故事裡人物！

曾經夢見自己是在地球上唯一能於海底呼吸的人。用這樣特異功能做了很多事，比方說能脫身於要追殺我的人，或潛到深海裡去採珍珠。就好像一條魚，只是具有人類軀殼。醒過來，依舊認爲我確實是一位游泳像一條魚的人。因爲喜歡游泳，所以非常高興能有這樣子稟賦。

運動細胞很差，做運動常常手腳不協調。小時候常常看武俠片和體操比賽，所以常常夢想我會後空翻和可以跳得很高很高。跳得很高很高的話，就再也不用爬樓梯了，直接跳到上一層樓就好了。中途還可以加入很炫翻滾動作，讓大家刮目相看，吸引大家目光。

印象模糊地回到小學生活，無憂無慮地和一群死黨玩耍，半真半假地直到驚覺自己已是一位十八歲青年了。以及夢見和去世的爺爺相遇，不過夢中身份是小學生，很安靜地，像放影片一樣。

夢到在未來世界一艘戰艦上，老是被追殺且攻打別人。像似星際大戰般，而且重複地做了三、四次類似異夢。

七、

閱讀大學生，悠悠數載。如今回顧彎彎幽徑，當初本著開發創意學習方式，讓經典文學探索之旅變得生動，於是，情境會話是一扇窗。但是當經典文學課程裏情境寫作之門被敲開，額外地，就安靜地優遊大學生內心世界片刻。不禁感受到一波波溫熱和暖意，掠過心頭。

偷想：「在某些方面而言，大學生家長們，說不定，都還沒有我這個文學老師來得幸運！」

航向田納西：莎士比亞課程的創意教學

近午時分，曾選修過三門人文領域課程一位電控系學生鄭惟駿，拉著嗓門在校區郵局內喊住我，並熱切地問：「什麼時候開莎士比亞的課？」納悶，「這位年輕人還要上我開的課？」內心其實充滿著感激和欣慰。

沒錯，青年學子顯然沒有忘記，我曾在「英國文學」課堂上告訴學生們，希望在不久將來能開一門「莎士比亞」西洋文學課。

「還在規劃準備中！」我如此回覆。

一、

終於在二〇〇五年秋天，拾起行囊，飛越太平洋。滿懷期待地走進風光明媚、位於加拿大溫哥華知名學府英屬哥倫比亞大學（University of British Columbia）校園。安頓下來，開始旁聽英文系掛名 Dr. Margaret E. Owens 教授所開講「莎士比亞」課程。

課堂上，重拾當學生學習樂趣，專心聽講並勤做筆記。下課後，多少晨昏，如魚得水般在大學總圖書館及教育學院圖書館內，捧讀莎翁喜劇與悲劇，徜徉莎翁筆下大千世界戲劇人生。忙著查資料、勤作筆記之際，發現雖然相關著作甚多，但在眾多文本中，仍少了一本注釋完備「仲夏夜之夢」讀本。於是，有個靈感在心頭激盪出浪花：想要編著一本不但詳盡而且易懂教科書；不僅作爲西洋文學教育參考，同時也能讓台灣通識教育課堂上，那些來自於不同學科領域且無人文、西洋文學背景學生們了解莎翁喜劇名著「仲夏夜之夢」。

一種全新課程設計馬上在腦海中浮現：劇本每一景之前均提供簡明摘要，並對時間、地點、進場人物加以說明。不只對名詞、單字詳盡注解，故事中不同典故也加以解說。習題不僅有練習作業題目，同時穿插能讓學生們繪圖或表演等學習活動。

人在溫哥華，逐步編輯莎翁經典喜劇讀本，生活過得愈加充實。

一年後，返回交大，重拾教學工作，正式掛牌開授新課「莎士比亞」。教學之餘，勿忘將「仲夏夜之夢」讀本文字建檔。書稿完成，向交大出版社提案出書申請。經校內外評審通過，終於付梓。

本課程通識教育中創意教學理念，可分爲學生創意學習與創意作品呈現(Creative Project)

意義，以及教師角色（核心概念、以及教學過程中教師初期、中期、終期不同角色）。

創意學習與創意作品呈現之意義，在於課堂上除了傳授戲劇基本知識外，希望藉由此項作業引起學生對知識好奇與興趣。透過創作活動，讓學生對莎翁劇本有更深層認識。團隊合作過程中，學生將分享彼此經驗與成果，激發出對戲劇更多角度探索和認識。給予學生自由揮灑空間，以激發自我學習興趣與能力，進而使學生培養出主動學習、探索態度，並增進學生學習動力。當學生內部產生了學習動力，學習、生命及社會有了交集，此時學習才會變得有機。於是種種原創與豐富想像力打破學生單調的學習生活，陶冶出更多采多姿人生品味。經由互動，教師不再是單方面講授知識，學生亦不再侷限於被動去吸收。師生角色平衡，有助於知識、價值和熱情之整合。學風塑造，並非在於堆砌大量人文知識，而是鼓勵學生在一種自由、多樣氛圍中學習，使學園散發出濃濃人文精神。最終目標爲提升通識課程品質與地位，並擴大對學生全人教育之影響，讓通識教育真正發揮醞釀師生涵養、灌溉寂靜心靈等功能。腦力訓練外，更希望看到學生成爲具有3C（creativity 創意、communication 溝通、confidence 自信）新世代人才。

教師角色扮演，其核心概念乃是從學生創作初期至學生成果分享期間，教師能循序漸進地引導學生學習。同時傳遞給學生一個概念，即良好態度是通往成功之門鑰匙。尤其身在現代分工專業化社會中，光靠個人專業並不足以出人頭地。具有真誠態度、懂得關懷與溝通技巧，方能開啓合作之門，達到跨領域成效。這個小小嘗試卻可能是學生寶貴經驗，教師應把握機會，鼓勵學生有正面態度（利用生活實例或故事，鼓勵學生建立、引發學習與創作動機）。勉勵學生除了追求人生真正快樂、肯定自己、全力以赴，並樂意與他人共享學習創作果實所帶來的成就感。當學生們依自己興趣、能力，來選擇並投身於任何形式活潑創作或表演之際，盡量讓他們知道，雖然創作媒材與型式不同，這種學習活動與獨特創作經驗，都可以有美好動機、意義、心境與感情。打造出一種集體分享環境，換言之，將不同能力、背景、文化涵養學生集合在一起。藉由觀摩學習而彼此激發更深潛能，同時培養團隊合作榮譽感與責任心。學生創意作品展示活動結束後，教師可將活動照片、錄影、錄音、文字檔案製作網站，分享教學成果。

教學初期，在於提供學生自由創作基礎。教師一邊教授文本時，可以適時補充多元資料（圖片、音樂、電影等）。一方面不會使經典文學之教學太過死板，同時能與學生經驗結合產生共鳴，引起學生興趣。給予作業與討論時，應兼顧文章主題與精彩細節，讓學生能掌握大綱並細細體會作家精妙文筆，才不會走馬看花，越看越花。把握時間，讓學生融入主題，奠定選擇創作活動良好基礎。同時，作家背景介紹有助於讓學生了解作品所處時代、作家創作動機，並能幫助學生融入作家筆下世界。莎士比亞故居與當時劇場和演出風氣，都是劇本欣賞小註解。「仲夏夜之夢」劇本中出現了大量動植物名稱，宛如中國詩經。教師若能提供色彩鮮明照片，更能呼應這個充滿神奇、色彩繽紛的「夢」。

課程進行到中期，此時已完成初期輔助，應放手讓學生自由創作。教師此時角色不再是主導學習，而應轉爲協助或提供學生資源所需。提供學生一種自由創作環境，不受題材與表現形式拘泥，自由創作。但並非放任學生不管，需在過程中仍要常常關心、注意進度發展，確定學生是否落實創意作業進度。不苛求學生成果有專業程度，標準應溫和適度，卻要有對品質基本要求。當學生努力達成目標，應適時給予鼓勵、讚美或獎勵。教師可以給予學生多元刺激，試著提供音樂、繪畫、電影、戲劇等不同相片資料，以激發學生想像漣漪，藉以誘發創作、學習動機。

終期，教師可扮演學校部門與學生間溝通橋樑，例如由學生提出表演計畫所需場地設備與時間規劃。再由教師統整分配，包括場地佈置、活動主持人員、當日活動流程、人力規劃等事宜。常見設備需求包含：筆記型電腦、數位相機、攝影機、幻燈機、鋼琴、麥克風、聚光燈。常見場地需求：如燈光控制、音響、放映設備、舞台、投影螢幕。人力分配：主持人、燈控、音控、場地佈置、清潔、攝影師。對於當日集合時間必須要求，避免演出期間頻繁進出。於適當時間插入中場休息，讓大家輕鬆一下或充電。遲到同學必須在中場休息時間，才可以進入。教師與助教必須確實掌握當日能到場工作人員人數與彼此聯絡方式，並準備緊急備案的場地或器材（建議製作詳細流程表與通訊錄）。攝影師將學生作品發表活動全程拍攝，活動結束後將剪接成紀錄影片。

以「莎士比亞」課程中介紹作品「仲夏夜之夢」爲例，教學進度，第一周課堂活動包括學生初見面消除隔閡互動（ice-breaking activity），例如邀請學生彼此分享對莎士比亞作品認識有多少？曾去過英國？去過莎士比亞故居？對哪位英國文學家或英國作品有印象？然後，簡介莎翁生平與成就。簡介莎翁喜劇與仲夏夜之夢兩者之間關係。介紹英國女王伊莉莎白一世（一五五八至一六〇三年）時期劇場及其圖片。邀請每位學生依自己興趣，選填期末創意作業發表組別：戲劇表演、音樂演奏或創作、美術或工藝作品、讀書報告、期末報告總策劃人（擔任主持人，製作與收集才藝表演申請表以及節目單設計）。期初學生創意作業自由選擇與分組，

陳彥樺　生物科技學系　9328012

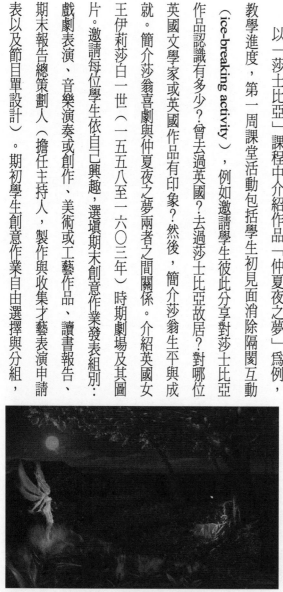

如此，當戲劇隨著課堂進度逐漸推進時，學生們除了從文學角度去了解體會戲劇故事外，並能激發出另一種形式創意靈感。

第二週課堂活動，一開始可向學生們解說「仲夏夜之夢」重要場景與角色，及其意義爲何?例如森林、兩個世界、有趣角色如帕克（Puck），還有三色堇小花在劇中意象爲何。

第三周開始至期末課堂活動，課程寫作活動規劃，可分爲小組活動與撰寫角色扮演（role play）來介紹劇情。之外，個人寫作方面可考慮闡述性寫作（expository writing），例如你願意去扮演劇中哪一個角色?爲什麼?創意寫作（creative writing），學生可以想像自己在劇中特定時空或情境等來發揮。劇本改寫（adaptation），學生可擷取劇中十五行以上的獨白或部份對話，並將其翻譯成現代英語，但必須保留戲劇原意。詩作練習（poetry），可依自己有興趣主題，來創作十行詩。電影評論（film review），學生看完視聽教材後可寫下分析與心得。劇本及測驗，教師可從文本中挑出兩處節錄，讓學生去思考劇情中要點與意義來寫作。

課程聽說活動，採小組活動，一爲劇本啓發（dramatic production），取材於劇中一景或劇情一部分，製作出一個具有邏輯性表演片段或佳句。學生可以背誦或唸稿，或可錄影紀錄。一爲角色扮演（role Play）。獨立研究，則對全班同學做讀書報告。班級活動中，辯論一項，學生可挑選和戲劇有關時事議題，加以辯論。

莎翁劇中展現出一個充滿動、植物及昆蟲美麗世界，實爲帶領當今成長於都市叢林學生們，深度感受「仲夏夜之夢」裡繽紛與豐美。我曾以鮮明具體圖片輔助教學，引導學生對自然和戲劇的喜好。植物裡橡實、三色堇、紫羅蘭、杏子、無花果、燈心草等；動物裡野豬、雪豹、紅鹿等；鳥類含燕雀、鵪鶉、夜鶯等；以及昆蟲世界螢火蟲、甲蟲、蛾等。

從第四周開始，播放「仲夏夜之夢」相關視聽教材，例如德國作曲家、指揮家、鋼琴家孟德爾頌（Felix Mendelssohn,1809-1847），其作品遵循古典音樂傳統且兼具浪漫主義創新風格，包括《仲夏夜之夢序曲》。

然而，繳交期末創意作業方法爲：

——美術或工藝作品組，電腦繪圖者可將作品轉換成規定格式後上傳。實體創作如油畫、紙雕、卡片、書籤、手工書等，可將作品以數位相機照相後再上傳。每份創意報告都得準備半頁或一頁左右說明，以利發表於網站上時，瀏覽者更能瞭解及欣賞作品背景和繽紛。爲節省貯存空間，較常用壓縮檔案格式爲：*.jpg、*.gif、*.png。另外，可進一步限制檔案大小（注意此舉可能稍微影響解析度）。

——音樂演奏或創作組，可利用數位錄音設備錄製數位檔案，再將作品轉成 MP3 檔案後上傳繳交。學生得準備一頁左右說明，以利發表於網站上時，供瀏覽者欣賞作品的背景和優美之用。

——戲劇表演組，可以準備數位攝影器材，將整個活動記錄下來。經過剪接後，可以錄製成*.mpg或*.avi 等格式放上網站，供瀏覽者欣賞、觀摩。考慮到學校網路流量與頻寬限制，可以在網站提供低解析度線上播放版本。另提供高解析度版本，供下載觀賞。同時也準備半頁或一頁左右心得報告，以利發表於網站上時，瀏覽者更能瞭解及欣賞作品的背景和風采。另外可以斟酌是否在影片中加上字幕，做爲輔助解釋或配上劇本原文，好讓觀眾感受文學與現代戲劇之交流。

二、

三月天。接受環宇廣播電台邀請上「閱讀新視界」節目，接受專訪。分三段錄製，每段約八分鐘。

蔡玉盈 電機與控制工程學系 9212004

那時，主持人先後提問：

「爲何交大在課堂上加入這個課程？

爲何重新編寫仲夏夜之夢？

如何不偏離原著又能讓學生易懂？

本書與一般讀本最大的不同？

這門課的上課方式？

神怪浪漫情境是否更讓學生產生興趣？

本書最精彩或學生最感興趣是哪一景哪一幕？

如何讓學生不因每週的分次講解，而破壞故事（閱讀）情緒？

如何讓學生對於不同時代的愛情觀有新的見解？

練習題是否讓學生產生壓力？

插圖介紹？

欲讓學生從劇中獲得什麼體會？

一般讀者應如何閱讀這本書？」

接受電台訪問後約四個月，七月夏日。悶在鼓裡、渾然不知，聯合報在全國教育版亦有報導「仲夏夜之夢注釋　理工生　輕鬆讀」。

三、

交通大學研究發展處經費補助下，二○○九年四月中旬，遠赴美國田納西州孟菲斯（Memphis）市，參加第十五屆美國核心教材與課程年會（The Association for Core Texts and Courses, Fifteenth Annual Conference）。

打包好行李跳上一輛計程車，從九龍新村宿舍直奔桃園國際機場。準備搭乘西北航空早晨九點四十五分班機，飛往日本東京，再轉機赴美。看了看手錶，起個大早，奔向高速公路，當時才清晨六點。

飛行近三小時，於午間兩點左右降落東京成田機場。由於必須還要等待兩個小時左右，從東京赴美國舊金山班機才會起飛，趁著空檔，機場航廈內漫遊。過了一段時間，靈機一動，不想浪費寶貴光陰，於是從背包裡拿出發表論文稿件，兀自地邊走邊朗讀起來，無視過往行人。腦中所思，只是盡努力地熟讀英文稿，以期在會議中能有流暢表現。

預計九個半小時左右飛行時間，橫越太平洋，朝往美國舊金山。飛行中，餐點使用完畢，讓自己輕鬆一下，閱覽雜誌及看了看空中電影。窩在熄了燈機艙內，仍未忘懷會議論文稿件，因此，再度從背包中拿出文稿而默唸起來。

停留北加州灣區調整時差那幾天，央請朋友當聽眾，就在他們家客廳內，練習演說起來。

次日，搭乘西北班機從舊金山飛往田納西州大城孟菲斯。終於晚間近七點左右，進假日旅館準備辦理住房手續。走進六樓六二八房間，稍做整理，約晚間十點左右下樓到櫃台，詢問會場相關事宜。

四月十七日星期五早上，被安排發表會議論文。

當日早餐後，立刻去找旅館會場布置人員，以確定論文發表時，現場所需光碟機以及投影機是否準備妥善？，同時，親手確認且熟悉操作步驟後，這才安心地準時與會。

當引言人介紹完畢，立即接手開始了會議中介紹西洋經典文學之教學成果分享。除了當眾西方經典文學中莎士比亞「仲夏夜之夢」教學經驗報告，爲了這次美國之行，同時也準備了一些學生藝術創意作品圖片。將作品製做成投影片方式，一張一張當場秀出並講解。

使用旅館相關人員特別在現場準備好的光碟機，現場發表時，我播放學生創意音樂作品。例如以鋼琴演奏貝多芬編號78號奏鳴曲（**the Sonata in F-sharp Major, Opus 78 by Ludwing van Beethoven**），以及學生鋼琴與小提琴協奏的改編曲，再加上歌唱與音樂伴奏混合作品等。

當報告完畢，順便把在交大校園早已裝訂好正反兩面約十頁報告內容，分發給出席學者。

到了討論時間，引言人首先問了我一個問題：

「台灣學生作品，當初是如何催生而成？」

「你們手中資料，在最後一頁學生反應問卷裡回饋顯示，學生們認爲優良創意作業之啓發，取決於對莎翁作品是否有詳細了解。而這一點，就是要靠教師對劇本內容有詳盡地介紹與導讀。唯有紮實學習與賞析能力，學生才可能被啓發出不同面貌想像與創作。」我回答。

在座的 Dr. David Mercer Hart 接下去問：

「年輕的時候，我也會閱讀一些莎士比亞作品。如果叫我去看文本，我可能看不下去。換句話說，我都是去聽有聲書。然而你剛才說台灣大學生，唸莎士比亞仲夏夜之夢經典劇本，是用十六世紀英文原文。我要問，身爲一個以英語爲母語的人，就是閱讀翻譯成現代英語文本，我都不見得會有耐心看下去。你們上課情況讓我好奇，你是如何去教這門課？」

周揚珊 傳播與科技學系 9754038

「當初，第一次教仲夏夜之夢文學經典，就決定要用十六世紀英文原文來給學生當讀本。我可能是一個無可救藥浪漫主義者（impossible romantic）。這份執著，憑良心講，早先曾帶著一些不確定性。一直到去年十一月下旬，國立交通大學通識委員會舉辦了一場國際學術研討會Conference on Liberal Education and Traditions。會中，我欣然地見識到美國哥倫比亞大學教育家De Bary 強調，哥大教學理論之一，即爲the Reading of Original Texts，經典文學人文閱讀。也就是說，哥倫比亞大學東亞系學生們，他們閱讀紅樓夢、詩經等經典中國文學作品，都是採用中國古文。又如該校學生們要閱讀日本古典名著源氏物語時，亦是採用日本古文，而不是現代日語翻譯本。」

「可想而知，當我知道哥倫比亞大學有如此核心課程、核心經典作品規劃與課程地圖時，我欣喜若狂。因爲，這爲我當初教學理想，找到了一個教學理論之依據。」

「至於你剛才提到的問題，簡而言之，個人教學理想與實踐，是奠基於我不願意浪費交大青年學子們潛力，以及犧牲掉學生們聰慧與想像。因此，才勇於深耕挖掘學生在西方經典文學方面知識與創意。」我回答。

當Dr. David Mercer Hart 提問，我瞥了一下手邊相關個人資料，得知他的碩士是史丹福大學，博士學位則在劍橋大學取得。

爲了回答問題更詳盡一點，接下來說明：「我在交大所開這一門西洋經典創意教學規劃，事實上包含了文本（text）以及視聽教材（image）兩者兼具。」偏頗某一項，都不是理想教學與學習經驗。因爲，如果光注重視聽教材，學生會疏於寫作與閱讀雙重訓練。如果偏頗在文本教材上，固然會有些寫作上或閱讀上句法、詞彙等文字之美學習情境，但也會缺少了教與學之間生動性與趣味性。課堂上，不但傳遞教授莎士比亞劇作，同時藉機訓練學生寫作表達能力（如每週課堂上重點寫作），和口語表達訓練（oral presentation skills）。學生藉由說、寫這兩種課堂上教學活動，無非就是想把講課資訊（information）落實且轉換成知識（solid knowledge）。

緊接著來自Mars Hill 學院 Julie Fortney 教師在會議上提問，她認爲莎士比亞仲夏夜之夢是一齣戲劇（Drama），而非讀本（Reader）賞讀而已。聽完她提問，我立即舉手解說：「剛才在報告裡我有提到教學技巧，其中包含了錄音帶或 DVD 或 CD 或彩色圖片等視聽教材。所以，再一次說明，教學裡，不僅有十六世紀英文原文讀本，同時搭配著視聽教材、學生戲劇表演兩者並行方式。如此，在東方，交大學生們對西方戲劇大師莎士比亞經典作品，能有更深一層欣賞與啓發。」

Dr. Katharine Meacham 在整個發表討論會告一段落，善意地對我表達謝意與她在未來教學上會參考我的分享經驗。如果沒有聽錯，她明白地表示她會開一門仲夏夜之夢人文課程。

另一位與會男教師，他問，是否在整學期只教仲夏夜之夢？加上，我在台灣校園講台上是否以英語教學還是中文教學？

我回覆，第一次在二〇〇六年秋天開授「莎士比亞」一課時，在大四那一班，是全程以英語授課。但是在大二那一班，則以中文講課爲主。兩班相同部分在於教材進度方面，我花大部分時間介紹了莎翁喜劇「仲夏夜之夢」，另外，我利用期末前三個禮拜，帶領學生進入莎士比亞悲劇「凱薩大帝」，一個學期共欣賞兩本劇作。後來，發現時間太趕，因爲交大通識課每學期僅兩學分之故。所以此後，我只專注在一個劇本上，如此，方能紮實地賞析西方經典名作。期末讀書報告部分，則鼓勵學生們著墨中西文學比較、或廣泛閱讀莎翁其他作品。

參與田納西州研討會議期間，自己也聽了其他幾場演講與報告內容，增廣見聞不少。個人覺得受益良多屬不同學者所激發出來腦力激盪，諸如自由教育、人文教育、和公民教育，三者交錯編織出引人入勝教育情境。

四、

常思，一個成功授課，取決於學生是否將所學轉換成不同價值與人生意義等啓示？學生是否能夠藉由寫作練習，來清楚地表達自己以及個人思緒？學生在自由與人文教育目標上，無非是讓年輕人能夠選擇，以及讓他們看到更多取捨？又成功教學，乃禁得起一再接受檢驗？

偶思，人文研究主題可以是人類本身、人類的理性，而這些都是大自然一部分？蘇格拉底思想中，自由、公義、美德、政治思想、哲學、宗教、人性等議題對現今教育的啓發爲何？但丁和達爾文兩人思想面貌呢？

沈思，古代與當代世界如何詮釋對世界的了解？

王安琪 人文社會學系 9753003

棉被裡痛哭的青春

一簇石槲蘭花，被我笨手笨腳地插進珠紅色小花瓶。

夏末落日，昔日同事今在台大研究所任教多年女教授，探視完加護病房內的母親後，提議去附近一家義大利餐廳晚餐。

進入雅致設計與裝潢歐式餐廳，入座，點菜。

「剛才在醫院裡，我們分別和你送來蘭花一起照相，下次整理好相片，再 e-mail 給你！」她對我說。

吃喝瞎聊一陣，她講到內湖一位家庭主婦朋友，目前，正爲就讀台北市前三志願明星高中兒子死纏、苦苦哀求所煩惱。

想不透，高二剛升上高三，平日乖順寶貝獨子爲何一反常態，積極地鍥而不捨、三天兩頭吵著要搬到學校附近自己住？兒子唯一理由，想要在高三這一年準備大學聯考。

「從小都是我替他張羅吃的喝的穿的。平常，什麼事都不會做，都是我這個媽照顧得好好的！」迷惑不已：「內湖、台北，捷運也方便，犯不著花錢在外租屋。他就不會想到，住宿在外，一個高中小男生怎麼應付三餐、洗衣一堆雜事？」母親抱怨又不解現在小孩在想什麼？

女教授四兩撥千金回應朋友：「我猜，他戀愛了！他想和女人同居！」

「怎麼可能？身為一個家庭主婦天天在家照顧孩子，我還不清楚？他才剛升上高三耶？」母親深不以為然。

餐桌上，女教授問我如何判斷？

「幾天前，外出和兩位朋友有個飯局。其中，退休已一年的展哥聊到，最近把竹東兩層樓房子租出去，自己和老婆搬回到卓蘭鄉下老房子。」我接著轉述展哥所言：「來租房子房客是一位單親媽媽，兒女不但都已經長大獨立，而且在外工作。她室友是位正在就讀清大研究所碩士班二年級男學生。」不慌不忙地繼續描述：

那時，飯局才吃到一半。後年準備退休、人生閱歷飽滿的吳兄一聽，回應展哥：「這明顯是老女少男同居曖昧！」

房東展哥大笑又大手一揮：「管它的！只要每月房租定期繳交不拖欠，只要他們快樂就好！」

父母看不到也永遠不知道，家中少男少女不能說、或者說不出口的初次青春悸動與寂寞哀愁。

那一夜，自始至終，對女教授詢問未置一詞。只咖啡喝完一杯又續杯，輕描細述一群大學生和我分享「少女情懷，總是詩！少年情意，也是詩。」像農人一樣，在田畦上一鋤一鏟耕作。又像文藝復興時期畫家，一筆一畫描繪勾勒出寫實繪畫。我一字一句口述，字句連綴串成廣袤無邊那片錦繡青春：

少年的詩意

1

若是生命為釀，或許戀愛為宴；當宴而酒，始知宴之猖狂；
若是生命為櫻，或許戀愛為雨；細雨飄櫻，才知一次淒美的絢爛；
若是生命為光，或許戀愛為影；光影斑斕，愛一次均衡的典雅；
若是生命為月，初戀必定為醉；倚月，而後醉，始愛一場微醺的絕美。

仍記得十四歲傍晚的細雨，雨聲窸窣呢喃著沈醉的軟語。天青色煙雨窈窕，卻奪目不過那萬縷青絲如瀑、傾瀉一身的優雅古典。旖旎微風依偎，仍輕不過那小鳥依人的輕靈秀雅。慵懶夏月醉人，A男卻無法移開在雙眸裡如渦的深邃……如詩風景吟詠著小令，闌珊燈火下如畫，伊人向他走來。第一次、她在他眼裡美得摒息，他知道，在他所認知的友情裡，初戀已在此刻悄然萌芽。

雨後，書店遇見了熟悉、把他當作哥兒們的她。雨影斑斕的櫥窗，卻隱隱濃墨著她的身影。那一刻，他的渴望無聲地咆嘯著——他已然明白，希望並不只是她的朋友——而她也沒有打我槍。

從那一刻起，她成爲他生命中無法或缺的依戀。纏綿倔強的夢，可以因她電話一頭的思念與等待，已然驚醒。往學校千篇一律的路徑，卻因她的步伐而踮起了新的舞踏。學校的午餐依然食不知味，以往是因爲難吃，那時卻是因爲眼前有更醉心的風景。沉遲的夏日午後，卻可以因前座她的一舉一動，而讓他的嘴角畫起月牙，星夜不再僅象徵著沉眠，每一個皎潔的月，他爲她許下摘月的承諾……曾經的曾經，他相信著這一份感情會是永遠；曾經，他奢望著這一份感情會是永遠；現在，已明白曾經只是太過懵懂。

誰敢厥辭，現實的隔閡，不是世界上最遠的距離？

就讀男校，不知道圍牆外的世界，悄然分化著圍牆內牢籠。不懂愛恨情仇煎熬的他們，卻驚覺永恆只是古老神話。以往甜甜地拌嘴已無聲式微，爭執在距離之間蔓延。不再有擁抱時的朦朧與狂熱，距離讓他們看清彼此，但狂妄的他們卻看不清自己。那一個慘白聖誕夜過後，他們原有珍惜，只剩下回憶。

不願妄想如果時間能倒退，愛與痛都成回憶。萌芽的初戀已然凋零，卻滋養著心的泥壤。如果不是她，他學不會放聲痛哭的勇敢；如果不是她，他學不會絕世獨立的誓言；如果不是她，他看不清蒼茫深遠時空之間，愛的繁華與寥落。

如果不是她，A男不會體會過什麼是溫柔

——什麼是，溫柔的，

吻。

2

前一陣子整理東西，B男無意間在桌墊下發現一張多年之前拍攝的大合照，記憶頓時拉回那段回憶中。

還記得國中開學典禮，那是一個和煦的早晨，舒適的早晨。初踏進這不熟悉的校園，其實大家都沒有特別心理準備，就被送進了這麼一個完全陌生新環境、新地方。

冗長的開學典禮如同一捲聲音越調越小的錄音帶，漸漸由腦中遠去，一個又一個報告使得眼皮漸漸地沈重了。但到了社團發表時間，因爲見到了她，精神狀態有了一百八十度轉變。那是一個管樂社表演，她是樂團指揮，台上作了一些簡單介紹之後，她便走到了舞台前端，開始表演。

一揮動那靈巧雙手，音樂就如同一陣又一陣潮水般從四面八方襲來。他看著她如何使用十隻手指頭去操縱這變化莫測跳躍音符，心中不知不覺地對她產生了一種欽慕。隨著抑揚頓挫節奏，好像整個禮堂因爲她而活了起來。表演結束，他泛紅臉頰，一時之間有些不知所措。

第二天，在社團展覽時，又看到了她。雖然當時除了直笛之外，沒有碰過其他樂器，看譜速度更是比看文言文還慢，但他卻毫不考慮地在管樂社名單上簽下了自己名字。

雖然都沒有告訴她，但從那天起，他比以前更加地期待社課的到來。星期三下午，彷彿成了一星期中最美麗的一段時間。也許平常，她的影子總是如雲影一般地迅速飛過，但似乎只要見一眼，他的心靈就能得到一些基本的充實。因爲她的動作、她說過的話，已經深深地刻畫在他心中，現在回想起來還歷歷如繪。下雨之後或許不一定能夠看見彩虹，但是他卻可以想像彩虹出來時，那既乾淨又平和的天空。也許接觸是不全面的，但在想像催化之下，這一切都變得美好了。

升上三年級時，她已經三年級了。依據學校的傳統，二年級同學要爲三年級學長姐們製作畢業禮物。知道到時候會採取隨機分配方式，但一想到她有可能會拿到他所做出來的禮物，是使他上美勞課的時候變得更加認真，希望能夠精進自己的技術。在組員共同努力之下，做出了六十多個小雞造型吊飾。後來從她部落格中，間接得知她拿到了他們這一組所製作的吊飾。感覺上，好像送了一個自己親手做的禮物給了一位自己喜歡的人，自然會對自己所作種種努力感到相當地欣慰。

她畢業典禮那一天，管樂社同學們在校門口合照作紀念，他特別站到了一個十分接近她的位置。也因此，在攝影師按下快門的刹那，也把這青澀的國中回憶裝進了這一張相片中。有時候常常會想，她現在在哪裡呢？也許在那悠揚管樂聲中，也許在那老舊樂譜中，但很確信，她已經完完全全地活在B男的回憶中了。

3

年少時的心，如此單純。

兒時師長們從來沒有教導過：「什麼是愛？」當初次體會到那甜而酸澀感覺，代表著什麼？他們從來沒有教導過，什麼是初戀。但就靠自己默默認識、默默經歷、在遙遠的往後默默默回首品味，細嚐其中滋味。

初戀，如此忽而其來，如此令人措手不及地改變了世界。它曾是每個人最美回憶，也許是人們過去中最遺憾印記。初戀是最珍貴至寶，也可能是最悲傷傷痕。人總是迷失其中，無法自拔，走出之後，又盼望回頭再經歷一次。初戀是最酸澀果實，亦是最美麗詩篇。

C男的初戀，就如同其他千千萬萬人初戀一般，突如其來、轉眼而逝，回頭才感嘆自己未曾把握。

對象是一位相當普通女孩，既沒有特別出眾外表，也沒有令人驚嘆才藝。外在上，她極其平凡，不過是芸芸眾生中一小角。與她相識，是依靠同班之緣，因日常瑣事互動而相熟，久之，漸漸對她內心有了進一步認識。發現她是個相當有內涵女子，凡事總處處為人著想，願意犧牲奉獻自己，如此溫柔體貼。

對這女孩好感漸增長，開始感覺她的言語、動作，都有著相當可愛習性。隨著時間過去，每次見到她，心都如受微風吹拂嫩草般，愉悅地顫動。當發現自己正為她著迷時，已無法自拔了，無可救藥地愛上了她。

愛上一個人，愛上不只是外表，更是內心和靈魂。那女孩，是如此美麗動人，為之癡醉。願付出自己所有一切去守護像她這樣珍寶。

然而，初戀並沒有美滿地持續下去。事實總是讓人心碎，女孩心中也有一位所愛歸屬，而那人並不是自己。

心碎後，是豁達與成長。初戀中，瞭解了什麼是愛，也領會到如何去愛一個人。願誠心祝福對方，願她找到自己幸福，遇上一位更愛她的人。真心感謝她的出現，因爲她給了C男如此寶貴、酸澀又甜美初戀回憶。

4

第一次有種心動感覺，是在國中時候。國中生不懂事，總是會覺得喜歡女生是一件很有趣的事情，被人知道了就會有一群人笑啊笑地打鬧。男生會大聲嚷嚷地說出你喜歡人的名字，女生則一陣嘰嘰喳喳後竊竊癡笑。所以D男從來沒說過喜歡那個女生，況且，她還是學姐。

初見，是在學校班級表演競賽上。高一和高二競賽是同時舉行，所以表演交換間，可能會看到和自己不同年紀學長姐或學弟妹。班上演完戲劇後，就收拾道具準備離開，這時，第一次遇見了她。她穿著連身長裙，但可以看到小腿肌肉線條，飽滿但不似壯漢般肌肉，似乎割開會流出金黃色液體；米色皮膚，感覺十分溫暖；一襲黑長髮，用束帶綁了起來，走路時一邊跟著上下跳動，就像一條吸引人致命的毒蛇。第一眼，覺得這個人很好看，但沒什麼。

直到他回到看台上時，才看到那吸引人之處：隨著音樂起舞，她一開始像一隻蝴蝶，配著富有異國風情佛朗明哥，接著音樂一轉，變成了一隻天鵝，時而轉身，時而飛越，踏著芭蕾輕盈腳步。音樂換了幾輪，少男的心也跳了幾輪。那時才瞭解到，他可能戀愛了。

原本這次才藝競賽後，就沒有什麼交集。直到班上要全校公演話劇，需要一個舞蹈指導員，輔導室主任聯絡上她。我們劇情需要的舞蹈片段都是她編舞，那時有很多機會觀察她。有時和她聊天。才知道她有一個妹妹，全家都有藝術天份。爸爸是畫家、媽媽是設計師，而她和妹妹學舞蹈。晚上回家，有時就會和她走在一起。心中會有種小小興奮，又有點緊張，期待著什麼，又害怕期望落空。

她要畢業那年暑假，邀他去看她的表演。他帶著一束花去給她，那天她哭得唏哩嘩啦，他就這麼抱了她一下，甚感窩心。

最後他們還是沒有成爲男女朋友，但是每次回想起來，少男心中就有點甜蜜。第一次的感覺很奇妙，這是個特別回憶，每次想起來總是會心一笑。「第一次」會讓人覺得難忘，也會覺得是最美。

之後，又過了幾年，他們又再約出來見面，現在變成了很好的朋友。看到她時，D男會想起過去戀愛那種感覺，可是並不會說主動去思考現在的可能性。有時去看她表演、有時兩人去逛街或美術館。就在後來交了幾個女朋友後，還是覺得第一個喜歡的女孩子很棒，但就只是很棒。維持在最美好狀態，可以時時回味。

5

E男不懂爲何沒有一種想哭感覺，只知道傻傻地望著她離去背影……

交往了一年多，初戀，這一夜，在一反往常，寧靜而非喧鬧台北街頭，被五個字強制劃下了句號：「我們分手吧……」沒有理由，只有簡單一句：「我們還是不適合在一起……」明明之前他們是多麼地愛著彼此，但在那一刻，一切都不重要了，一切都結束了。

記得當初，不知道哪天突然對同班快三年的她產生了好感，不想只作同學，作朋友又感覺少了些什麼。心底那一股喜歡她漲滿情緒是那麼強烈到不像話，好想擁抱她、牽她手。不管去哪、或做什麼、或只是單純地聊天打發時間，都感覺到，只想在她身邊。彷彿只有陪著她才能感到更快樂一樣，變得不能沒有她。

情人節那天，那時他們早已友達以上、戀人未滿，因而他決定在那晚向她告白，對她說出一直隱藏在心中那些話：「妳知道嗎?自從那天看到不一樣的妳，而被妳煞到之後，我一直喜歡著妳，很想每天都陪著妳跟妳在一起。可不可以，請妳作我的女朋友，好嗎?」一邊說著，他拿出事先準備好的玫瑰花、巧克力和禮物，遞給她。微亮月色照著她，顯得比平常更加美麗、更加擄獲少男心。她微紅臉頰在月光下實在很明顯，很可愛。忐忑地，心跳加速著，等著她回答。因爲實在很懷疑自己第一次告白，會不會太草率？對自己很沒自信，因而當她微微地點點頭後，他還一時無法相信自己眼睛，還一直以爲在作夢。直到她突然踮起腳尖，抱住他、給了一個沒有預期之吻後，他才有一點受寵若驚地回過神來，緊緊地給了她一個溫暖的擁抱，並在她耳邊說了一句：「既然妳答應了，妳就會一直是我最寶貝的寶貝！」

之後，他們愛得很甜、很美。每一天都開開心心地一起過、做任何事情都一起，隨時關心對方、和對方聊聊天、逗逗對方。便當和飲料都會記得幫對方多買一份，兩個人在一起時光總是很歡樂、很幸福。但好事，不一定會有好結果，到了最後，他們仍舊是分手收場……

如今回憶起他們之間種種，還真好笑！那時候他們哪懂什麼是真愛？只知道喜歡一個異性好朋友，很想天天都見到她或他。什麼大小事，什麼秘密，都想跟他或她說便覺得自己愛上了對方。但那真是愛嗎？E男覺得不是，但也正因爲不懂愛，才需要去嘗試愛。不然要如何知道愛一個人真正感覺是什麼？知道很在意一個人到失眠又是如何滋味？瞭解到吃醋感覺是如何？而初戀正是第一次地進入這人生必修課程，但很容易不及格被當掉課程領域第一步，也是往後經驗累積的開始。

一生中，都在尋找所謂真命天女或真命天子，但往往初戀還是最甜美。雖然那時還不太知道愛情這門高深學問，是怎樣發展出來?細節又是如何?但至少能愛得真、愛得傻、愛得死心塌地。那麼天真、真誠、可愛、毫無心機可言。E男想，只有第一次談戀愛時，才真會爲另一半做盡任何不可能傻事吧!

(E男道歉:「老師，很抱歉那麼久沒去上您的課。這一個月以來，除了期中考要面對，感情上發生了一些事情，令我實在很失落，沒什麼心情上課。整天放空自己，不想去面對。還一直借酒澆愁，以致每天都頭痛到很可怕地步，沒辦法正常思考。有時還搭車到處走走，一直很想把心煩事情越快忘掉越好，但一直無法真正不去在意。不過我期末報告還是會交卷，至少算是給我自己一個交代，也同時會提醒自己有修過老師您所開的課。」)

6

剛上國中，對新學校感到相當陌生。那時，F男並沒有想過什麼情情愛愛，對他來說，朋友就是生活。雖然已經有幾個比較早熟同學交了女朋友，但他也沒有對愛情有什麼想法，跟大家照常作朋友，日子就這麼過了大概一個月。當時，他打掃廁所，有個女生常來洗手台倒拖地水。他嘻嘻哈哈就常常跟她互開玩笑。那女生瘦瘦、矮矮小小的，可是卻不會怕羞不會沒話聊，漸漸地跟她混熟了。突然發現每天最期待時光，就是她到廁所倒水的那幾分鐘。他也會想到很多話要跟她講，但是因爲完全沒有經驗，能想到搭訕話語也只是開玩笑而已。直到某天班上同學突然開個玩笑：「欸，欸，你是不是喜歡她啊？幹嘛一直鬧她。」才突然想到原來有「喜歡」這個詞，可以形容他每天對她百般期盼。可是當時沒有任何經驗，他只好去問她身邊朋友該怎麼辦呢？當時小女生心態有點奇怪，她們認爲「如果你喜歡我、而我不喜歡你，我就要不理你，不然怕被其他人誤會。」於是，漸漸地每天那珍貴幾分鐘也消失了！就算她來倒水，不過跟他聊天閒話也變少了。這對剛步入青春期男孩而言，是多大傷害呀！後來才知道是因爲她朋友把事情傳了出去，才會鬧得如此尷尬。但當時還是小男生，他卻手足無措，認爲從此就沒有機會了，於是也開始不理會她。雖然還是很喜歡很注意，可是就逼自己不去接近她，認爲這樣做，可以讓她慢慢離開他心裡。但他錯了，錯得離譜。升上國三，他們之間尷尬終於化解了！在某一次機緣巧合他跟她聊到天，重新開始了彼此聯繫。但也很明顯，沒有機會，可是他不奢求，只希望她哪一天能注意到並瞭解他對她的心意就夠了。這段關係就這麼不鹹不淡地維持到高中。

由於唸同一所高中，很開心可以繼續維持相互關係，他可以繼續等她三年。難過的是，她上高中兩個月，就交到她第一個男朋友，也就是他當時最好的朋友。還記得她親口對他證實時，他有多悲傷，悲傷之餘還要忍著痛祝福。當天回家，他立刻回房間痛哭，感覺三年多來痛苦都在那一刻爆發出來。第一次嚐到心死，也第一次學會放棄。接下來，他成爲她一位好朋友。難過時聽她哭，開心時就陪她笑，當她被他好朋友甩掉時，他陪著她散步聽她訴苦。可是對於她，他也漸漸瞭解到了不可能，只好把這份感情深深地埋在心底。直到現在，他們還是偶有聯繫，沒有甜甜只有無盡酸酸，但F男也上了感情中寶貴一課。

7

G男說，初戀，是完美的單戀。

她是高一同學，第一次看到她是在開學那段時間。其實她也沒有坐在他旁邊，但是目光卻注意到她了，也許是因爲一種讓人無法抗拒迷人氣質吧。她長得還滿標緻的，所以他一直期待跟她相識時機。

有一次，跟一位認識同學在班上找人亂聊天（大家都還不太熟，所以還在認識同學階段）。她剛好坐在座位上，兩個男生就去找她聊天。果然，她很活潑，他們跟她很快就熟了起來，三個後來就變得還蠻好的。

就這樣維持了普通朋友關係一段時間，直到在一個事件後，心裡那顆種子才開始真正萌芽。他們倆人關係開始有點微妙變化。

第二次期中考後，有一天放學，他在教室剛好看到那位他最好的朋友（上面提到那位），去跟她聊天。最好朋友竟然說，跟她告白了！當下並沒有吃醋，但是心裡突然產生了一個很強烈感覺，有點像是「你在尋找一個你很需要的東西，但是當你找到的時候，她卻已經被拿走了」的感覺。

其實喜歡一個人應該是要有所追求行動，但是在他心中，不想給她造成任何困擾。而可能是太矯枉過正了，以致於連以前正常互動都沒了，可能是因爲這樣吧。所以她自始至終都不知道這件事。

到了下學期，果不其然，悲劇發生了。

「最近聽說她會特地搭捷運去找○○○男生，一起上學耶。」最後她和他們班上一個運動健將在一起了！真心地祝福他們，但是他心裡真確很痛苦。

G男初戀，是一個完美、痛苦至極的，單戀。

8

想念一個人，有時可能很痛苦，也許這個人對你影響無比龐大，所以才讓你痛苦、難受。

H男和她經常走在那一望無際草原上，每當靠近她時，就有一陣清香從她身體傳來。不管是美貌、人品、性格，那可都是完美無瑕。那時，牽著她細膩小手走在草原上。一陣清風從她頭髮穿過，可以讓他聞嗅那清新花香。她那熟悉背影，已經刻在他心版上。那是一個無法抹去少女背影，深信，她將成爲永遠思念。

常常被她那美貌所吸引著，因爲她的笑容太美。常常被她髮絲吸引著，因爲她的秀髮可以傳出花香。或許她和美是一體，是無法分割。但是她過份美麗了，因爲她佔據了他大腦所有空間，讓人如癡如醉！因爲有她，生活更精彩。

每當夜幕降臨，坐在草地上，仰望著星空，彷彿看見了她。或許那時，他已經不小心愛上她。自己彷彿在黑夜裡行走，沒有任何照明工具，然而就在那一瞬間，不經意地走進她精心設計溫柔陷阱。可能他永遠都爬不出來，因爲那是一個無底深淵般黑洞。

或許那時，已經無法從中掙脫，那時越掙扎，綁得越緊。不得不告訴自己，他已經深深地愛上了她。不開心，會找她慢慢地傾訴。她不會抱怨，只會靜靜傾聽。每當秋天翩至，地面樹葉隨著秋風開始翩翩起舞。那時樹葉有些像蝴蝶、有些像手掌，而她卻像無與倫比出水芙蓉，被她深深地吸引著，忘記周遭一切。

有次不知過了多久，整整一天都沒有伊人訊息。百般焦急著，甚至連自己身體都不聽使喚了。彷彿有種奇異力量牽引著，又是一陣清風，聞得出來那清風是帶著淡淡花香，於是朝著風裡走去。不遠處看到她，她的衣裙隨著清風飄盪，她輕聲細語地對他說：「今天晚上，就陪我看星星吧！」毫不猶豫地答應了這個浪漫請求。

夜幕下，雙雙坐在青草地上。她一聲不吭地倒在他懷裡，慢慢地睡著了。迷人髮香，是他最難以忘懷氣息。

初戀，是她，讓H男知道美的定義。

9

小時候年幼無知，總把「喜歡」和「愛」搞得含糊不清。國小，在一次重新分班進入新班級時，有一位很有氣質女生正好坐在I男旁邊。她有一雙朦朧、天真眼眸，柔韌烏溜長髮自然地披掛在那秀氣肩膀上，皮膚白嫩地吹彈可破，她發聲一言一語都像是黃鶯啼囀。更重要，她言辭都很有深度、展現出一個不同於平凡小孩成熟感。

坐在隔壁，偶爾她會跑來問問這題數學該怎麼解？這個國字什麼意思？久而久之，開始慢慢和她攀談起來，從學校生活聊到家裡發生大小事。彼此都有一種堅信對方是知己。自然而然地，下課時會一起散步，放學後一起走路回家，偶爾吃冰閒聊。幾次太久才回家，還會被自己爸媽唸。那種怦然心跳，是第一次那麼真實感受。

之後，越來越好，好到連自己都無法想像！總把內心底層話說出來，把對方當作傾訴話筒，彼此信任著。在一次公園邀約下，坐上蹺蹺板一側，問她，如果蹺蹺板只有一個人話，就永遠無法平衡！所以蹺蹺板上，那個人總是在等待著另一頭有人坐上去。

令I男興奮時刻，是初戀滋味。

10

初戀是每個人心中永遠追逐那個夢，是第一次最徹底愛戀，最毫不保留付出。也許兩人最終未曾相戀，但那未曾相愛相惜情感，卻也將鐫刻於心底記憶，深處。會淡，卻不會忘。老時，想起那曾追尋卻未必企及一場青春夢，曾追逐卻沒有牢牢牽住那雙手。

美麗，是因爲那段時間有不成熟的年輕、無比天真、無比熱情、還有瞭解，那純潔歲月了。是夢，是一名逐夢人。J男與她在小學三年級時相遇，那是一個青澀年紀，年輕到沒有看見，也沒有發現那份在心中萌芽感情。分班後開學日，他們第一次說話。分座位前，大家進入教室隨意就座，她就坐在他旁邊。分配座位後，身旁依舊是她。這樣持續三個學期的緣分，她旁邊位置，爲他留了三個學期。上課，就像一般小學生一樣，他們不曾專注在講課，而是逗留在自己小小世界裡，上課時候，一起畫圖，有時候一起編劇本。下課時候，兩人在走廊上一起排演，追、逐、跑、跳。他們形影不離，一起買東西，一起嬉鬧，那是一段無法忘懷快樂日子。

他們也逐漸成長升上五年級，又分了班，那次與她分開了。很被動，他想著她，但卻不曾去尋找過她。開始幾個月，她時常會到班上來找他，但他們交集卻不像以往那麼大，共同話題卻不像以前那麼多。時間沖淡一切，當人累了、倦了，內心也就失落、心灰意冷。她不再像從前時常出現在他眼前，他也只是偶爾想起從前那段兩個人共度美好時光。

有人說：「初戀和最後一次戀愛不同在哪？初戀的人認爲這是最後一次戀愛，而最後一次戀愛的人發現這才叫做初戀。」初戀在平淡日常中完結，留下是無限回憶。這也許不會是最後一次戀愛，但活在初戀中，誰不希望時間永遠持續、永遠停留。

小三年紀，J男留下了一個夢，一個沒有抓牢把握夢想，叫初戀。

11

剛進國中第一天，老師要分配座位，K男被分到一個女生前面。

因爲讀音樂班，班上有很多都是國小同學一起考進來的，所以大部分都是互相認識。坐在前排一位熟識同學剛好跟她很熟，所以他們就開始聊起天來。處在兩者中間，很尷尬，不知道如何是好。突然間，前排同學瞄了他一眼，然後突然轉頭跟她說：「妳前面的人說妳長得很漂亮耶！」他當時很想當場反駁，但是當他轉頭看到她臉上笑容，就什麼話都說不出來，心想：「就這樣吧……」這是他和她認識的第一天。

開學日後，跟她很少相處。但是開學第一天，她臉上綻放笑容仍然留駐他心裡。雖然還沒有喜歡上她，不過不知什麼原因，總是對她特別有好感。

國二，補習下課後，夜裡，一個沒有存在手機通訊錄裡的號碼，傳了一封簡訊給他，要他猜猜她是誰？想說因爲不認識，就置之不理了。過了一段時間，才發現原來這個手機號碼是她的。於是就開始互傳簡訊。晚上還會互道晚安，有時因爲怕簡訊費太貴又怕被爸媽發現，都會自己把手機帳單繳清。現在想想，自己真傻，父母明明很開明，自己不知道在害羞什麼。

還記得當時老師要換座位，都會暗自祈禱，希望可以跟她坐在一起。但是每次都事與願違。不過有一次，他終於可以坐到她旁邊。那段時間，都是笑著出門走路去上課。心裡盤想，可以坐在她旁邊一整天，就已經很幸福了。那段時間，常在上課偷偷講話外，她每次都會轉向他這邊，把腳放在他椅子下方橫桿。有一次上課，還偷偷地一起抓著一把尺，好像情侶手牽手一般。其他同學都看在眼裡，私下一直偷偷討論他們兩個。

雖然跟她感情愈來愈好，卻沒有明確跟她告白，所以就這樣曖昧了兩年。

或許是太不主動，她開始故意跟其他男生聊天、講話，希望逼他趕快行動，跟她告白。但是當時太過幼稚，知道她這麼做是故意如此。不過，他也受不了她跟其他男生常膩在一起，所以開始對她很冷淡，甚至對她不理不睬，就這樣過了一年。這也是最煎熬、過得最不開心的一年。當時他不知道自己還喜不喜歡她？覺得可以對這一切處之泰然。但是有時候，卻還是會有很大失落感。

到了基測結束，即將畢業前，一天午休，她突然把他叫出來操場，說有一些事要跟他說。那天中午，她只說了六個字：「我喜歡你，你呢？」當時楞了一下，覺得這句話好有壓力。他知道對她的感覺已經不再像以前一樣了，但是不忍心拒絕她，於是答應下來，想說就試試看吧。但是到後來發現愈來愈不對勁，他知道對她已經沒有感覺了。於是又開始對她冷淡。後來大概知道他已經不喜歡她了，於是這兩年多戀情，就結束了。

對於這些他並不後悔，因爲她，K男學到好多，也獲得不少回憶。

12

升上國中後開學第一天，L男很早就進了教室，準備迎接一切嶄新事物。同學們陸陸續續地走進教室，而他也抱著期待心情，四處搜尋每一位新面孔，看看未來同窗到底是怎樣的人。正當觀察得起勁，目光瞬間被一位長得普通、但卻迷人女孩吸引住。

雖然外表跟一般女生們沒什麼不同，但她全身上下散發出氣質，卻深深地吸引著他。那靜謐且高雅氣息，就好像野百合散發著清香；而那優雅且靦腆笑容，就好像月亮揮灑柔光。每當望向她，都會不自覺地沈浸其中，無法自拔。

如此惹人喜愛女孩，讓他下定決心展開追求行動。不斷地嘗試著接近她，試著和她聊天和出去玩。每當他們走在一起，心裡總是無法控制地砰砰跳，全身上下血液好像是煮沸了一樣，倉促地流動著。嘴巴也好像是嗑了藥，興奮地停不下來，這種特別感覺就好像著了魔一般，令人上癮。之外，夜深人靜，會和她互傳簡訊。那種擔心著對方不回傳的酸苦滋味，以及收到對方訊息時欣喜若狂甜蜜感覺夾雜在一起，總有一種令人無法形容幸福感覺。當彼此爲了對方事情煩惱，想盡辦法要幫助對方那份情感，總是能在最無助時提供一股勇氣和希望，重新振作，面臨挑戰。

這些感覺都已經是過去式了，不知道爲什麼，只能停留在那樣尷尬階段，遲遲無法往前跨越那條界線，只能彼此在遠方望著對方，漸行漸遠。雖然已經是很久以前的舊事，但是每當翻閱手機裡存留簡訊，那種苦甜滋味總是令L男忍不住掉下眼淚。

13

十三歲，剛進國中第一天，M男一坐下就看見坐在前面那個女生，矮矮的，帶著一點小可愛。還記得，她用很小很小聲音自我介紹時說，因爲小一歲，因此可以叫她小雨。當時覺得，只要一和她聊天就會緊張。由於當時對於愛情還是懵懂無知，不清楚要怎麼和她聊天，因此一直是點頭之交而已。

國二，比較能克服緊張問題，關係愈加密切，時常會關心彼此狀況。不過就在此時，班上轉進來了一位非常漂亮同學，可以說她一轉進來，便受到全班男同學矚目及愛戴，而他也不例外。上課時，他常常會偷偷把視線朝她飄過去，看看幾眼她美麗神情。

國二下，第一對班對出現了，雙方正是班上最高最成熟的男生以及那位女同學。當知道這個消息瞬間，先是嘆了一口氣，然後說了一句「可惜了，沒機會了。」當下，並沒有發現坐在旁邊小雨臉色突然變得很難看。只是日後當他想要跟她像平常一樣聊天時，她卻突然變了一個人一樣，不怎麼回應他一切談話，臉上也出現一副淡漠表情，語氣也很煩躁。當時，他完全不瞭解到底發生了什麼事？

過了不久，還是因爲小雨突然轉變而感覺很困擾，問她本人她也都不予回應。後來去問了她好朋友，才知道，原來她對他一直抱持著好感。只是因爲她太害羞，他太遲鈍，而且當時他們關係也挺曖昧。導致當她聽到他說那句話，以爲他一直以來都只有當她是朋友，感覺付出了那麼多感情，卻發現根本沒有意義，才會突然變得那麼傷心。

那件事發生過一個禮拜，他都在思考，仔細回想，一直對他好、一直最關心他，其實是小雨。才瞭解到，對於那位轉學生抱持的只是如同追星族對明星一般好感，小雨才是抱著真摯情感的人。因此他開始追求她。

由於原本小雨對他就抱持著好感，因此在他很誠懇道過歉之後，不出大家意外，一個禮拜時間就在一起了。

國三整年，相互鼓勵著，基測拿個好成績，最好能考上雄中雄女，以後能一直在一起。考完第一次基測後，一對答案後發現，兩人都取得非常好成績，上雄中雄女綽綽有餘，還一起慶祝一番。不過命運總是捉弄人，一天，她突然哭著跑過來說，父母強迫她去台北就讀北一女。他們分開了，雖然藉由網路，感情還維持了一陣子，但是，在三百六十公里分隔下，時間，一點一點把感情逐漸消磨殆盡。

戀愛就像烤棉花糖一樣，太遠沒有差別，太近會焦掉不成原形，最好距離，就是外表看起來沒有改變，但是內心已經融化了。他和小雨之間感情，就是在潛移默化下逐漸累積而成。

青蘋果，有點酸、有點澀、也有些甜美！初戀雖然美好，卻難免總有些不成熟。M男現今回想，當時，還是有點太幼稚。若是一直執著於這段不夠成熟感情，表示自己並不想長大，心態上也不夠成熟。

14

剛上國中，老師都會安排座位，座位是分開各自獨立一張桌子，並沒有像國小般兩人坐在一起。當時N男對坐在右邊女同學感到興趣。她長得嬌小可愛，他大概高她一個頭。她把頭髮尾後撩，用水果髮束，綁了個馬尾。她臉如草莓形狀，身體皮膚黝黑，看上去既光滑又軟綿綿，令他很想去摸摸看。她笑起來臉頰會出現兩個可愛小酒窩，露出一排潔白牙齒和牙套，任人看了她燦爛笑容，再生氣或沮喪都會消滅殆盡。她身上散發出體香，他至今都還記憶猶存，像是檀香沐浴乳洗完後身體上那種味道，並非魅惑迷人濃香水，而是種溫馨香氣，初聞心悅，再聞豁然舒暢。他覺得她在他心中是個「黑美人」。

開學才不到一週，猜想暗戀上了她。上課有時候會雲遊課本外，瞥看著她美美側臉。當她轉頭和他四眼對看時，他都會害羞而低下頭、看另一邊或裝著在看書。回座位時，明明這條通道比較近，然而他都喜歡從她身邊走過，為了親近她，淡聞她體香。

過了不久，她和他說話了，他像隻鳥雀躍不已，內心如鹿般亂撞。然而他不敢盯著她看，雖然有點不太禮貌，但是他不想讓自己耳朵發燙、臉頰更紅，怕會抑制不了激動內心會爆發出來。漸漸地，很喜歡這種感覺，雖然不是他主動和她說話，也並非聊天，但也沒有關係，能說到話就心滿意足了！曾經有一次，她要英文能力強的他幫忙寫英文作文，他一口就答應下來。她看著他寫，他當然不敢抬頭看她，她說寫快點時，她右手不經意地放到他左手上。頓時，少男耳朵和臉頰紅了起來，被旁邊同學看到，很尷尬。這時，他和她第一次有身體上接觸。

國一暑假結束，她換了個髮型，把頭髮放下來，有個瀏海。牙套也拆了，黑溜溜會發光頭髮搭配膚色，美得像一位女神。國二時，他們之間互動也比較多了，畢竟相處了一年，她更常主動找他幫忙。他當然樂此不疲，雖然不是聊私事，而且感覺沒有比國一激昂，但能和她互動，就很開心。當時做實驗或分組，私底下很渴望她來找他一組，他也會裝作隨意貌，如果真沒有同組，他就會些許沮喪。

國二隔宿露營，他會假裝不經意地坐在她旁邊，享受和她靠近時光。國三畢業旅行，她拉他的手和叫一兩位隨行男同學一起拍照……。國三上，在打掃時間，他被她兩三個同學追問：「是不是喜歡她？」當下，他臉又微紅起來，耳朵發熱，但結結巴巴地說不是。她們一直慫恿他，喜歡就說出來。他說，學測考完後再回答，他當然是騙了她們。沒有告白，他覺得如果說了，那麼以後上課，一定會很不自在。不只這樣，要考慮因素還很多，心想，還是保持這種暗戀感覺。最後，讓它隨著上高中漸漸淡去！這些回憶都已經埋藏在N男心中，偶爾會掏出來回味一下。

15

國小二年級升上三年級，重新分班。O男遇見了新同學、新導師，也就在這個時候遇見了她。

直到有一天，看到她背影，她那烏黑短髮和身上純白國小制服，隨著冷冽秋風吹落下來火紅色楓葉，行走在落葉堆成紅色蓬鬆地毯上，腳下時時發出沙沙聲響。而那深藍短裙，隨風捲成如湖面上縠紋，時而形成大海波濤，他陶醉在此等風景裡。等她一轉頭，視線掃到了他。他看到她那害羞面容有個微紅臉頰，他突然覺得兩耳漸熱，心跳聲卻愈來愈清晰，噗通噗通節奏，愈來愈快，周圍時間好像都慢了下來。一旦，她視線卻落在剛呼喊她的朋友身上，他看著她帶有微笑側臉，難掩心中陣陣浪濤。

三、四年級，他時常注意她。然而O男卻無法表達，甚至連她名字都不知道。初戀滋味就像初嚐的青蘋果般，青澀滋味；然而暗戀滋味，是微甜蜂蜜水，細細嚐而有風味。

16

國中那年秋天，走在數年如一日上學路上，總是會期待什麼事發生，總是希望能跳脫一成不變單調生活。然而天不從人願「我依然是我，什麼鬼事都沒發生在我身上。」直到那傾盆大雨，突然地衝進了P男生活，蠻橫地攪亂了他十五年來平凡，更攪亂了他心中那一池春水，「我遇見了她。」

一切都如驟雨來襲般令他手足無措。就當他還困在麵包店屋簷下，煩惱著快要遲到，「要不要撐我的傘一起去學校呢?」溫和話語透進了他心胸，一股暖流散開到全身每個角落。原來是一位同校女生在面前開口詢問他，他連細想時間都沒有，就答應了她。畢竟，班導兇惡臉神無時無刻充斥在他腦中。靠著這位善良女生幫助，他及時地抵達了學校。因爲趕著要到教室的關係，急忙地道謝後就與她告別了。所有事情都發展得太快速了!這本該慢慢感受，卻意外匆匆結束——和她第一次接觸。

打掃時間結束後，坐回位子上才開始回憶這不久前所發生一切。剛開始只覺得自己非常幸運，竟然能在上學途中遇到好心同學。可是漸漸地就覺得那位同學不但善良，而且還很可愛，猶如仙女下凡，出淤泥而不沾染世間凡塵。水汪汪眼睛、紅潤臉龐、及肩烏黑秀髮、長長睫毛，微笑起來還帶有可愛酒窩……。不知不覺，她變成他上課保持清醒動力，度過了許多沈悶課堂。朋友也發現他有點不對勁了：

「爲何你最近一直看著窗外傻笑啊？」

「呵呵！今天天氣好啊！」

「可是今天下雨耶！」

「你知道下雨天也有下雨的好處啊！」

之後，每次上學，他都會偷偷在和她相遇的麵包店前伸長脖子探望。無論有沒有看到她，每天都會以一個愉悅心情來開始。好幾次，她就在咫尺間距離。不過，他都沒有勇氣開口跟她搭訕。有句話說得好「世界上最遙遠的距離，不是生與死；而是，我在妳身邊，妳卻不知道我喜歡妳。」以前總是帶著一種玩笑語氣說著這句話，P男現在倒是能深刻體會這話涵意了。

大學了。遙想當年，就這樣一路淡淡地想著她，喜歡著她。

雖然，他們最後沒有在一起！

17

台北天氣涼颼颼，到了得穿大衣保暖季節！

「高雄呢？」

不知不覺走到這熟悉地方，青綠草原，還有鮮豔紅花點綴，是她最喜歡的玫瑰。一步一步地走，少女倩影伴著回憶，愈來愈清晰地印在心上。

現在，還好嗎？

記得十七歲那年，Q男原本一成不變的生活，因爲她出現，開始有了轉變。那天是聯合運動會，一個女孩子站在右前方，他以爲只是他看她、她看他的巧遇。怎麼也沒想到，她是朋友家小妹。於是，開始有了聯繫。放學一起吃晚餐、考試前一起到圖書館、一起看電影、一起、一起、一起……。

當時，沒有多想，只是好希望時間停留在和她共處時刻。看到她笑，他跟著開心。看見她哭，他想用盡一切來保護她，只要能夠停止那苦澀淚水。一天一天，他愈來愈期待和她碰面；一天一天，他才發現他喜歡上那擁有燦爛笑容女孩。

偶爾，哪兒也不去，男女漫無目的地走，聽她說說開心、傷心、生氣，聽他說說快樂、悲傷、憤怒。牽著她被冬天凍僵雙手，原來，這就是喜歡一個人真實感覺；原來，這就是初戀滋味。

學測後，她選擇到高雄度過四年大學。雖然不捨、雖然難過，但他接受了，真的接受了……。涼涼台北街頭，他穿上保暖大衣，不知不覺，走到這熟悉地方。倩影，伴隨著初戀，映上心頭。想起她那甜美笑容，Q男嘴角也上揚了！

那麼，現在，她還好嗎？

18

口中慢慢分解酸梅滋味，雖然剛開始嚐來帶有些許酸酸味道，令人無法忍受，然而咀嚼久了，口中那酸鹹滋味便慢慢昇華爲甜美。初戀也是如此，雖然由於經驗不足，結果十之八九都以失敗告結，令人鼻酸。然而，隨著時間遞嬗，初戀回憶，日後回想起來，總是甜美。

國中時期，曾因爲一次考試不理想，連續好幾天愁眉苦臉、無精打采。再加上當時知心好友不多，沒有人能夠與R男分享心中憂傷。所以孤單地，他總是一個人窩在座位上，靜靜地看著桌面發呆。直到有一天，那個女孩走進傷心男孩生命，改變了一切。

噹噹噹噹——，一如往常，下課鐘聲響起。眼看著周遭同學三五成群地打成一片，而他卻無法加入他們，內心逐漸被孤寂所佔據。甚至開始不想去學校上課。就在他興起這樣念頭時候，突然有人拍了拍肩膀說：「你為什麼不加入他們呢？」原來是那個女孩。雖然那個女孩算不上是一位多漂亮女生，但是身邊總是不乏許多知心好友圍繞。人群中，她好似閃耀著耀眼光芒，讓人相當羨慕。

「可是……」

還沒有來得及講完之前，她說：「沒有什麼可是的啦！」她就把他推向那群打鬧人群中。於是莫名其妙地，開始與那群同學打成一片，不再孤單，並且找到了肯聽他分享心事的好友。

而後，為了這件事向那個女孩道謝時，她很謙虛地說沒什麼，便笑著離開。這時，才發現，他喜歡上與她相處每個時刻。她每個笑容都有如燦爛煙火，在他心中綻放出絢麗火花。之後，為了獲得更多與她相處機會，總是私底下找她聊天。這才發現她從來不抱怨任何事，並且都能以樂觀積極態度來面對，這讓他更喜歡她了。於是，愈走愈近，有時甚至會一起回家，那時心裡想著：「如果能永遠這樣子，那就再好不過！」

一個細雨綿綿午後，放學鐘聲一響，一如往常地去約她一起放學。但是，不同於往常，她臉上笑容不再，取而代之是冷淡回拒。感到很納悶，不過也尊重她所做決定，便自己回家了。回到家後，怎麼想也想不通，以爲她心情不好，想安慰她，便打了通電話給那個女孩。對方竟然說：「你別再接近我了，因爲同學們會亂傳八卦。」他回覆：

「我才不管他們咧！因爲我……」，「喜歡妳」這三個字彷彿突然止住了他的呼吸，無法說話。她說：「你不在乎，但是我在乎啊！」於是，掛斷了電話，獨留電話另一端流淚少男。心中明白知道，他們關係不可能再復原了。他跟她之間距離，就猶如天上和地上一般遙遠。無論雨下得再綿密，也無法將兩個不同世界串連起來。

爾後日子裡，每當遇見她，抑或是她遇見他，總是會相互逃避彼此眼神。就怕即使是一點接觸，都會造成更多傷害。

至今，仍然很感謝當初那個女孩所做一切。沒有她，他不會變得如此正向；沒有她，世界永遠不會如此精彩！與她相處美好追憶，將深深烙印在心中，陪伴R男走過往後人生歲月。

19

或許是因爲思考這人生初戀際遇，也可能是因爲那些年飽受異性同儕欺侮，小時候，S男對愛情沒有懷抱任何憧憬。直到二〇〇七年，這一切才發生劇烈變化，對往後愛情觀影響深遠。

國中班上有一位熱心體貼女同學，時常在他無助時候伸出援手，更會在他痛苦哀傷時候毫不吝嗇地付出關懷。由於這樣機緣，再加上某些課堂活動裡，他們之間時常是組員關係，因此雙方友誼更形深厚。

過了不久，漸漸覺得：儘管交流還算頻繁，和她相處時間仍嫌不夠多。而且每次接近她、或是陪伴她，胸口就會出現一股奇特感覺：暖意、甜蜜、幸福而令人陶醉。在如此訊息接踵而至情況下，終於知曉：原來，已經深深地愛上她。

因此，三番兩次將自己一番心意寫在小紙條上，做成信件，趁無人注意，輕輕地放在她書桌上。原本以爲這樣做，就可以贏得芳心。萬萬沒料到，寄了一封還好，寄了太多封反而被視爲另類騷擾，引起反感。當這消息剛剛走漏，他企圖使它成爲只有他和她知道的秘密。然而，忍不住向好朋友傾訴，並矛盾地要求他們保密，這緋聞仍迅速地傳遍了全班。從此以後，她幾乎不再和他來往。這些由他所引發災難，使得兩人友誼出現了一道難以彌補裂痕。

與她決裂之後，自知這份友誼已經無法挽回。爲了補償內心因得不到真愛而產生失落感，嘗試著強迫自己去追求原本毫無興趣的對象。於是，從國中到高中、從同學到教職員，他持續尋找不同對象、用盡所知道各式各樣求愛手段，一切只爲了找到一個適合人選，來取代她在他內心深處崇高地位。結果，每一位被他選中女子，都蒙受其害，都視他爲禍根，她們最後不是和他疏遠，就是成爲敵人。這番行動，不僅沒有消除內心失落感，反而使這份感覺變本加厲，此外還平白無故添了一份罪惡感。因爲如此，最後所有求愛行動，以及對愛情慾望，皆隨著進入大學而煙消雲散。

當年初戀，內心萌生對愛情嚮往。因爲這份嚮往，卻經歷了諸多挫折，更爲雙方帶來不少傷害與困擾。因爲這數不清挫折、傷害與困擾，從此讓他打消了戀愛念頭。回想起這一切點點滴滴，感覺似乎又回歸到最原始、對愛情無牽無掛階段。只是多了一份對自我認識：一個純正「愛情絕緣體」，終其一生無法讓別人心生愛慕，也無法談戀愛。但是，獲得更多自由與心靈寧靜，並且享有大於一般人機會，來盡情享受愛情以外種種事物。

初戀滋味著實令人難受，然而也多虧了有如此體驗，進一步瞭解自己特質。同時也學會以初戀經驗爲戒，以個人特質爲榮，爲自己創造更合適、更優良生活境界。

20

愛情是一種奇妙，總是靜悄悄地走入心房。一碰觸，就讓人無法自拔，尤其是一位從未碰觸過它的人，更是會被它深深吸引。T男也不例外，第一次喜歡上一個人；第一次感覺到沒了對方，就等於失去了一切；第一次覺得能擁有有一位彼此相愛對象，是多麼幸福。好多的第一次，就在這初戀風暴中將他深深包圍，這美好實在令人難忘。

初次遇見她，便被她深深吸引住，柔順長髮、明媚雙眸、溫柔體態，卻又擁有活潑淘氣。自己也克制不了一直去看著她，眼睛裡注視焦點是她一舉一動。此時，自己容不下第二個人。因為生性害羞，一直不敢主動去認識她，主動去跟她講話，就這樣失去那一次認識她寶貴機會。緣分，可能沒那麼輕易地放過他們！下次相遇，她主動跟他講話時，不知道開心了有多久。往後，每天聊天、講電話。這世界突然感覺如此美好，走過悲觀歲月，終於出現一個能讓他快樂的人，所以當然就不會錯過這美麗奇蹟。

一直想把喜歡她的想法告訴她，卻又難以啓齒。害怕如果失敗，這幾個月來感覺，就會從曖昧走向尷尬。但或許時間總是不等人吧！馬上就要別離了，如果不把這愛大聲說出口，或許最後什麼都會淡去，最後什麼都不是。所以他決定告白，坦蕩蕩地說出感覺。那時告白當下，不停地顫抖，彷彿世界快要崩解，可是她沒有馬上告訴答案。彼此並沒有變得尷尬，反而更甜蜜。她可能在害怕，畢竟馬上就要分開，誰也不能保證距離會不會改變這愛情。但他知道自己要什麼。距離從來都不是距離，況且有一段可以超越距離的愛情，是多麼珍貴。在他一直給的承諾下，最後她終於答應了。當時他開心得嘴都合不攏，很想告訴全天下，目前自己有多幸福，也確信不會輕易放過這段初戀。

儘管距離遙遠，卻不放過每次可以相遇機會，雖然相處時間總嫌不夠，彼此也不能常常在身邊相互依偎，然而這份感情卻緊密。身處異地，想起有一個和自己相愛佳人，那麼，什麼都不煩惱，什麼都不難過。或許在這距離下，才能真正見證感情吧！T男相信這初戀，會一直延續下去……。

21

真誠且用心地去喜歡一個人，是在高中三年這段時間，整個人真正地投入愛情中。

考完第一基測，早早上了高中。他用電腦裡的即時通，聯絡人裡有個加了很久，但尚未聊過天異性同學，她和他同個國小國中。雖然沒有同班過，但也認識彼此知道對方。他鼓起勇氣和她聊天。她是個很有氣質，有雙明亮圓滾滾雙眼，烏黑亮麗長髮，功課總名列前茅，也順利考上北一女中。他因爲靠著最後小衝刺，也幸運地上了台北前三志願學校，終於敢和她開口聊天。

漸進地從不認識到認識，從認識到成爲朋友。因爲同是台北前三志願學校，交流頻繁，也比較多共同話題。漸漸，聊天內容比朋友還要更深一層話題，會互相關心，互相爲對方打氣，不論是在課業或社團上。漸漸地喜歡上她了。喜歡能喜歡一個人的感覺，關心她生活，她近況，她心情。能夠陪伴一個人，打從心底地爲她著想。希望她每天開心，難過時能聽她訴說，爲她分擔些煩惱。一種純粹喜歡的感覺，很單純。

但是除了當朋友，卻一直不敢開口和她說這種喜歡的感覺。怕開了口之後，會尷尬、當不了朋友。就這樣升上高三，爲了各自夢想打拼。關心，只剩下幾個月模擬考前關懷簡訊。雖然很少聯絡，喜歡的感覺淡了，但從沒有消失。總是在人來人往台北車站街道上，搜尋穿著綠制服的她，期待轉過來的臉龐會是她，但希望常常落空……漸漸在夢裡也會夢到她，夢見並肩而走，一起開心聊天情景。看到她照片，內心深處總會小小悸動一下，依然勾住少男目光、他的心。

大學聯考考完，放榜後，他考上了交大，而她留在台北。下新竹前，總覺得這段感情該做個ending。於是，他在臉書上聊天室鼓起勇氣對她說出愛慕之情。很意外又不太意外，她說早就有感覺到，因爲原本兩人就沒有很熟，但他卻持續地關心她。之前，他心中總是想在她面前表現得很完美。反而聊天時，彆扭很不自在。初戀就這樣沒有結果地結束了，U男很珍惜這段用心喜歡一個人的回憶。

22

喜歡一個人、想跟異性有更多互動，V男從很久以前就有經驗了。但真正稱得上初戀，是在國二時期愛上同班一位女生。僅止於暗戀，始終沒跟她表白過，不過暗戀她足足有兩年以上。那次暗戀，印象極深！

那段時期，每天都期待上學、期待在公車上偶然相遇、期待課堂上分組作業時候能跟她分到同一對……都是爲了有機會更了解、接近她。常常找機會去跟她朋友一起玩，等到在她朋友圈混熟、認識彼此後，就偶爾藉機攀談。每當聽到她那鈴鐺般清脆笑聲、溫柔說話聲、或是她名字，心中都會有一股悸動！每次看到她那迷人笑容、精緻臉龐、苗條身影，心情都會不自覺地好了起來。爲了可以吸引對方注目，從國二時開始健身，練出一個精壯身軀。常常參加比賽，不論是體育或文藝，只爲了可以讓她知道他的存在。

一直維持這樣互動，逐漸對彼此更加熟識，直到國三上一次意外。她被其他人不小心用竹棍掃到眼睛。那時候，一直自責沒有及時保護她。因那次意外，她轉學了。之後，他們常以簡訊互相聯絡。那時候，每當收到她回訊，心中都會充滿喜悅，嘴角常不自覺地揚起微笑。然而隨著課業壓力漸重，她在那邊結交朋友漸多，互傳簡訊頻率也愈來愈少，傳出問候簡訊也常常沒有回文，很令人失望。偶爾收到她回訊，就感到很開心，又有持續下去原動力，就一直這樣持續到國中畢業。高中時，偶爾還是會傳訊一下，但收到訊息時，已經沒有國中時那樣興奮。可是當聽到五月天的新歌「突然好想你」時，還是會不自覺地想起她和國中時那段快樂回憶。對她思念逐漸淡去，直到最近因同學會與她相見，才又拾起那時候心動感覺。到現在，還是偶爾會尋找她近來音訊，關心一下。不知道還會持續多久，也不知道有沒有可能再重來?可以肯定，那些片段，曾是V男最美回憶。

23

每一次見面，內心總是小鹿亂撞，想和她多說一點話，卻又因爲害羞說得七零八落。每當不小心惹她生氣，總會千方百計地想辦法求她原諒。儘管W男已經非常地忙，仍願意花時間去和她聊天、陪她，單純只是希望得到她回應，哪怕只是一句話或一個小動作，都會讓少男獲得一點小小喜悅。這就是喜歡一個人奇異感覺，希望能更了解她、認識她，並且希望能有進一步互動。

甜蜜，好像品嚐初採蜂蜜般那樣滋味，那樣清新與甘醇，永遠不嫌膩。只想多品嚐些，不想忘記那樣美好感覺，希望那種滋味永遠不要消失掉。

感覺幸福無邊，就算只是單方面付出，但W男一想到對方能接收到自己心意，心裡還是會莫名地開心。只是單純地希望她好。喜歡一個人，就會無怨無悔地爲她做任何事。

24

國中二年級開學時，X男因故轉學。然而，在轉入新班級時，班上早已分成若干個小團體，讓個性內向的他難以打入他們小小世界。

開學典禮開始了。校長、主任開始致詞，他很快地發現，只有他一個人認真地在聽。其他同學，三三兩兩開始聊天，卻沒有人跟他說上一句話，四周喧鬧彷彿無聲。終於，開學典禮結束了，開學第一天跟著也結束了，還是沒有人跟他搭話。就在收拾書包準備離校，一個清脆聲音飛入了耳朵：「你是轉學生嗎？」抬起頭，他的臉飛快地紅了。

眼前是一位綁馬尾女生，有雙像龍眼般美麗、清澈大眼睛，和白晰如月光臉龐。「幹嘛臉紅啊？」她問：「可以幫忙嗎？」她指著角落幾袋垃圾：「暑假教室當投票所時，選務人員留下的。」忘記當時自己說了什麼，只記得一個勁地點頭，腦中響著莫名的交響樂。直到那幾包垃圾進了垃圾場，他才回過神來問她：「爲什麼你要丟垃圾啊？」或許是幻覺，她似乎被蠢問題惹得挺開心，咯咯地一直笑：「你剛剛班會在發呆喔？我是衛生股長啊！」就這樣，初戀開始了。

隔天上學，踏進教室，放好書包，剛坐定，就急忙用眼角找尋那位女孩身影。左瞄右瞄都找不到她，可是又不敢繼續找，生怕動作太大被她發現。於是放棄尋找，集中精神上課，才聽到老師說：「x平方加y平方等於z平方……」這時，一枝筆戳他後背，轉過頭，發現令他朝思暮想女孩就坐在後座。「我筆芯用完了，可以借我……咦？你的筆好酷喔！借我借我，我的給你用……」他作出了一個苦笑表情作掩飾，若不是這樣，自己大概無法冷靜下來吧！這樣過了一個學年，他與她已經成了好朋友。

爲了讓學生有更好升學率，學校有個制度，三年級必須和另外一個班級合班，再分爲成績好、壞兩個班級。他成績篤定可以被選進成績較好班級。而她學業成績則在邊緣，但她死都不肯說到底進了哪個班級。當他不安地踏進新教室時，一個熟悉身影向他揮手。

立刻走到她面前座位坐下，轉頭和她聊天。他永遠記得她那時說：「你知道嗎？你在認真讀書的時候，好帥喔！」不論她是開玩笑還是認真，他開心地只差沒有叫出來而已。

身爲三年級，大家都必須面對升學壓力。整整一年，他們都沒進展。上了高中，由於考上不同學校，只能偶爾通通電話，聊聊天，得知彼此近況。直到高二，她交了男朋友。不過，X男過年時還是會打通電話給她拜年。

少女的詩篇 25

沈靜夜晚，依稀有一道光映入。模糊身影在眼前晃動，周身白茫茫一片，祥和寧靜，被一種莫名幸福感洋溢著。

深藍蒼穹夜空，頓時出現彩虹般絢麗，蒼白淡漠臉上有了蘋果般羞怯生氣。原似海底深層湧浪心跳，突變爲淺浪拍打礁岩，心頻一促一促地跳躍成忽高忽低浪線。平淡生命突然闖入一個陌生人，距離時遠時近，著迷的熟悉。

雪凝結肌膚，濃墨潑密髮，夜點綴瞳孔，清風吹送般氣質，乾淨清新。落入A女眼簾，一顰一笑一回眸，淡雅如春之花香、熱情像夏之沙灘、俏皮似秋之精靈、柔和同冬之煦陽。舉步朝她走來，優雅如夜之天上流星、地面虹霓、海面波光相映。

記憶碎片零零散散地拼湊著，過往溫馨甜蜜緩緩而連綿地升起，將她包圍。這段初戀，淡淡愛戀，守護她將邁向第十一年。這十年，每一天，她在暗戀中度過。每天都在細數他的笑，風吹起碎花般流年，而他笑容在她眼裡、心裡、夢裡，如映照水面月影蕩漾，成爲生命旅途中最美點綴。

他不知道，她在暗戀中度日。他不知道，她在等待中度日。他不知道，她在他的情緒裡度日。他不知道，他在她眼裡度日。他亦不知道，他在她字裡行間度日。他更不知道，他在她呼吸間度日。他不知道的事情太多了，不想戳破，不敢點破，不需說破。他們都在微微曖昧裡、淡淡愛戀裡生活著。她躲在現在某一時間點，想念過去某段時光掌紋。她躲在現在某一地點，想像一個站在時空四維路口，讓她牽掛的人，那個他，從過去到現在，有可能進入未來的那個他。她和他兩人交會是過去式。她的初戀，對她的暗戀是進行式，是現在完成進行式。但她和他的結果，是現在式，是既定不變事實，是一段看不見終點的現實，存在於這無奈城市。

他是她生命中過客，她亦是他生命中過客，可她已視他爲歸人。他那音容笑貌深刻於她記憶中，不曾離去。過客之前她珍惜，分別之後她回憶。生命中有無數過客，很多她以爲聲影會留存在心中一輩子的人，就在平日庸庸碌碌而A女念念不忘日子裡，被遺忘了。「如果某一天你突然想起我，就代表我也正在想著你。」總有那麼些人會一直刻印在心裡，無意識地被保留在記憶裂縫裡，即使忘記了聲音，忘記了笑容，忘記了容貌和背影。但每當想起他，那刻骨銘心過往會如山泉般湧出，那令人懷念的曾經已不會改變，但是，那動人心弦瞬間將永不褪色。

26

深埋在回憶翩頁中一幅淡淡、優美畫面，雖已被時間洗下鮮豔色彩，那樣輕柔、那般如詩，如印象派一般在模糊記憶中蕩漾出斑駁，那是B女的初戀。

冷冽和歡騰，兩個矛盾感受融合農曆春節中，初戀萌芽於此。他能夠解開她心裡深鎖，那不願被突破一道防線。他只需輕輕地吐息，溫柔話語便能像春風融解她心中厚雪。一顰一笑都成為她在沙漠中綠洲，解救每次失意。並不是長相特別吸引人，也不是他精通十八般武藝，是他與眾不同魅力，具有君子氣度與成熟、紳士溫柔、騎士般對於不正義的勇敢，讓他在她心中如此舉足輕重。他是她專用垃圾桶，讓她傾訴所有苦悶。他是天線，接收她每個心情訊號。最重要，他是她小宇宙中最閃耀一顆星，浮沉在迷失的海洋中時，散發出光芒指引她正確道路。在那夜晚垂幕後深幽黑暗中，反而更加耀眼，帶給她無限希望。他不是太陽，強烈炙光刺得雙眼無法直視的威嚴，而是星兒，內斂地散發著光芒。

果然星星總是彷彿近在咫尺，以為只要伸手，便能握住一手閃耀星塵。但眼見那一小點卻是無比遙遠巨大恆星，經過幾千幾萬光年才能映入眼簾。多麼希望能夠碰觸到，落了個空，才驚覺自己原來又回到黑暗中，那幾萬光年的時差，讓他在離開後，久久才讓她恍悟，他早已走遠，在她還沈醉之時。

「痛苦會過去，美會留下。」他說那是雷諾瓦在極度病痛中，即將不久於人世時所言。而當時他依然緊握著畫筆，直到最後一刻。他給了她力量，就像是雷諾瓦感動他，給他力量一樣。現在看來有些諷刺，他不告而別給了她短暫痛苦，寂寞的喧囂、思念的咆哮、孤獨的肆虐。那都過去了！回憶，永遠是如釀醇酒，越陳越香，隨著時間流逝慢慢沖過，它就越加甜美。

還收藏著只屬於他們倆那幅畫，他遺留所有苦痛在之上。以後，B女依然擁抱著這份痛苦，直到它發酵成那最美、苦澀而甘甜，那最純真的美——初戀。

27

小學時期，一種感覺找上了C女。班上最高最有擔當男生，經過了一個學期相處之後，她對他漸漸產生好感。萬人迷的他到哪，身邊都圍著一群女生。即使都還是小學生，對於愛情都還處於懵懵懂懂階段，似懂又非懂，但都渴望擁有。對於他，小女生內心感受真矛盾，有點想接近，可是知道不可能。看到他會莫名地開心，看不見時又有點想念。初戀，始於這種默默暗戀。

升上高年級，儘管千拜託萬拜託，能求神、問卜的，都試過了！老天爺始終沒有眷顧，他們被分到了不同班級。有時候，光是走廊上巧遇，都會讓她開心個老半天。雖然心裡知道，他極可能連她衣角都沒有注意到，畢竟世界上漂亮女生太多了。社會就這麼現實，第一眼看不到內涵，永遠都只是表面。臉蛋是否漂亮？身材是否勻稱？這些標準也是自己無法擺脫，即使非常不想承認，但她也是以這種標準在看人。有時候會幻想，他會拋棄這些成見，看清、明白她隱藏那份內在美。

就這樣持續到了畢業，直到真實跟他斷了緣份為止，什麼都沒發生。但過程中一點小小心動，現在回想起來，甜蜜感覺一直保持當時濃度和質量。覺得最傻的是，在事過境遷這麼久以後，還會一個人偷偷用發達網路，Google 了他名字。想當然爾，人是找到了，看到了他現在長相和生活。事後彌補好像也沒什麼用，總不能現在才告訴他：「你好，還記得我嗎？我曾經暗戀你很久。」這種事，就算把C女丟到竹湖，也真的做不出來。

暗戀，不知道是幸還是不幸？很多事情，需要的只是過程中些許感動！

28

第一次感覺到喜歡，第一次開始在乎一個人，第一次希望自己能一直在彼此身邊，第一次覺得有對方陪伴是一件幸福而不令人生厭。D女想，初戀滋味或許給人感覺「如人飲水，冷暖自知」。每個人對初戀感受，確會是有所不同。對她來說，初戀又甜蜜又脆弱，但卻會帶來美好回想，永存心中。每當想起那段稚嫩戀愛，仍會露出一抹滿足微笑。

她是一個喜歡先從朋友當起的人，喜歡日久生情感覺，而不是轟轟烈烈一見鍾情，雖然有人常跟她說那是一件很浪漫情事。但她喜歡一種熟悉、不可或缺感覺。覺得對於一個人喜歡乃建立在相處之上。從認識開始，日復一日、年復一年，漸漸地對彼此有著熟悉，有著專屬彼此默契，有著爲彼此著想心意，這就是喜歡。還記得那時，坐在他後方。一開始他們原本是兩個互不認識、生活除了同班以外，沒有任何交集。對於彼此認識，僅止於互爲同班同學。但漸漸地，彼此熟悉了起來，成了好朋友。一開始，並沒有發現到兩人之間友誼開始有了微妙變化，或許該說是選擇性地告訴自己別想太多了。但時間一久，發現自己開始注意他一舉一動，開始對他產生不可或缺熟悉感，開始在乎他感受。她想，那是日久生情，喜歡有他陪在身邊。喜歡在傷心時有他溫柔安慰，喜歡他在她不舒服時送上噓寒問暖。雖然之後發生了一些摩擦，從此變得相敬如賓，甚至是不再往來。但是每當想起那段有他陪在身邊校園生活時，即使有些心痛，依然會覺得自己很幸運能夠遇見他。很幸運地有段彼此陪伴歲月，很幸運能夠多跟他一起創造那段屬於兩人共同回憶。

有些人初戀對象，甚至就正好是能相守一輩子的人。老實說，這樣很浪漫，但這種情形不一定適用在每個愛情故事上。因爲初戀結局不盡然美好如童話故事，能讓每個人都過著幸福快樂生活。即便如此，還是珍惜初戀所帶來奇特感受。因爲那代表著成長，代表了她開始懂得什麼叫喜歡、什麼是愛。代表了她開始懂得珍惜與另一個人相處時光，代表著開始會替另一方著想。初戀不但帶來美好回憶，更是讓人邁向成長過程中一個重要階段。

曾經讀過一段描述：「人初涉愛河時，心理異常純真，只知道傾自己所有全力去愛對方。而以後，愛情，就沒有那麼純真無瑕了。純真，是人世間最可貴珍寶，人們渴求無非就是它。」這句話指出了初戀青澀。D女想，這正是初戀之所以迷人的地方吧！

29

國中一年級。

那個時候很單純（其實是很笨），只是覺得「啊，這個男生好帥。」就以爲是戀愛感覺。然後兩個自以爲很成熟國中男女生，就很順理成章地在一起了。他們感情並不算融洽，三不五時就會爲了雞毛蒜皮小事吵架。當時還沒有手機，也很少上網，吵了架往往要到隔天才會和好。因爲是偷偷交男朋友，所以有煩惱也不敢跟家裡人說，只能悶在心裡，躲在房裡偷偷哭。然而兩人都不太成熟，卻又想證明自己已經有足夠能力爲自己負責。這不但造成師長擔憂，也導致他們兩個與導師相處不睦。他們在班上會公開和老師起口角，他個性火爆激烈，又會與班上其他男生結黨聯手抵制老師，造成班上氣氛不佳。而她也常常在聯絡簿生活小語欄含蓄地批評導師（這是當時樂趣來源），以此爲樂，還覺得敢這樣做，自己非常厲害。

然而逐漸地，兩個本身幼稚又無聊行爲，也同時導致了爭執，彼此也產生了距離。他開始會跟其他女生有曖昧互動，她也漸漸地不去在意他這些令人惱怒行爲。她開始唸書，與他走向不同道路。

分手過程雖然激烈，但也早在他們預料之中。

看著他牽著別的女生小手，當時心中不是悲傷，而是覺得憤怒——對自己何等愚蠢感到憤怒。她痛打了他幾巴掌，然後一切就結束了！

他之後還有持續地想要重修舊好，可是她當時已經受夠了他、以及自己夠幼稚。決定不想再浪費多餘時間在沒有意義又自以爲是的戀愛上了。那種對於初戀抱持期待和不安，就悄悄地在國二升上國三那年暑假消逝了。

所以她討厭看純純愛情小說。

有些小說把初戀寫得太過夢幻美好，把人性寫得太單純，把愛寫得太偉大太勇敢。極易讓年輕人誤解，以爲只要喜歡上了就會愛上，以爲愛上了就能一直幸福地在一起。愛情小說沒有幫助，只能自己去體會。也許有人的初戀是可愛、快樂的，但就她所知，很多人初戀都像她一樣愚蠢幼稚不堪（雖然現在回想起來還算是有趣過往）。然而最讓她不耐，是許許多多人把初戀形容成「酸酸甜甜滋味」……什麼？哪裡酸酸甜甜了？她倒覺得是又苦又辣……好吧，這只是個人觀點。如果要她表達意見，她比較傾向像「咆哮山莊」那樣激烈又苦澀愛情。雖然說人生和愛情還是平順點比較好，但她覺得她的初戀一點也不和平浪漫，真的就像是「咆哮山莊」一樣……順帶一提，她覺得自己初戀男友就像男主角西斯克利夫一樣，是個難以理解又讓人有點害怕角色……但幸好自己不像凱瑟琳一樣不幸。呃，或許以她這種年紀想要了解這麼複雜小說，稍嫌太困難了點。但E女還是很喜歡「咆哮山莊」，勝於那些欺騙社會大眾年輕幼苗心靈的純愛小說。

30

小學五年級，班上有一位很會打躲避球男生。也許是因爲他打躲避球那份自信，亦或是他每次打球那種自得快樂，常常讓F女覺得那個人好像在發光，整個人都有一股光彩，總覺得沒辦法直視他。那時候，還不知道他將會是她人生中很重要一個回憶。

他姓金，是一位不知道爲什麼打很多球，皮膚卻還是一直很白那個男生。還記得他座號是四號，也還記得他有一個妹妹。也許是因爲初戀，所以在心裡烙印地特別深，有關他各種相關資料都會記得比較清楚。她，當時還很害羞，主要因爲剛回國讀書，導致中文講得不是很好。他們導師就把她安排在他後面，原因是他英文講得比較好一些。當時，她只覺得金同學人很好，不懂地方都可以問他，他也很友善地解答。有一天上體育課，不知道爲什麼總覺得那天頭暈暈，也沒看到球往她這邊砸了過來。等有印象意識時，人已經倒臥在地。每個人都很緊張，就只有他最迅速地跑去健保室幫她拿了冰塊過來。也許那一天他的笑容太溫暖，也許那天的她太脆弱。金同學，就這樣永遠住進她內心世界了。

他真不是特別帥，也不是特別會講話，也不是特別高。他只是一位很喜歡運動，又很善良小男生。那一天，世界立即轉變，讓她每次與他相視，臉都會紅起來，講話結結巴巴，心跳得比平常還快。從看過一些電影和小說，她終於懂那是什麼感覺了。是的，是欣賞，是暗戀，是喜歡。第一次，她學會了喜歡一個人，第一次意識到男生和女生之間差別。喜歡就是喜歡，沒有理由。會偷偷看通訊錄打電話到他家，當他接起話筒，卻又不敢跟他講話，就掛掉了。會默默地看著他，喜歡他臉上笑容，喜歡他一舉一動。不管他做了什麼事，在她眼中都很迷人，又很可愛。但也第一次了解到暗戀苦悶。

班上轉來了一位來自紐西蘭同學，他姓錢，是一位很幽默男生。不知道是不是因爲她也會講英文，所以老師把他安排在她旁邊，他們於是就成了好朋友。每次都會被他所講笑話逗笑不已，也覺得他很有趣。但小學生都會起鬨，常常都會鬧他們兩個，把她跟錢同學弄成一對。每次當他們這樣時，她都會看向金同學，發覺他竟然也跟著起鬨。還是一樣笑顏，一樣的金同學，她卻覺得他距離好遠，好遠。時間匆匆來到了鳳凰花開畢業季節。也是互道珍重季節……

他們終會分開兩路！也許那時真該要好好表白，但她沒有。寫了一封信，長長一封信，寫盡了她所有心事。信中，跟他講，她覺得他是位多麼優秀男孩，有多喜歡他。他們班上安排了時空膠囊活動，她就把信丟了下去。然後在畢業典禮那個夜晚，她就凝視著他背影越走越遠，直到再也見不到他爲止。至今，都沒有再看過他。

是的，初戀就這樣結束了。是的，我嚐過百味。是的，也許這只是一個很短暫暗戀。但，已經大學了，這份回憶還是讓F女回味無窮。曾經那麼喜歡一個人，真的是很幸福的一件事。雖然「他可能根本沒注意過你，但你心裡有他，就已經足夠了。」時間，永遠停留在那年小學五年級……

31

進入高中頭一年，G女認識了他，同班同學。他外型是極其亮眼，有著深邃眼眸和高挺鼻子。讓人最難不注意就屬他那一頭染成褐色頭髮，在陽光下便成了閃耀金光。然而他總是沒什麼表情，冷酷外表實在令人感到難以親近。開學之後，即使在同一個班上，卻沒有太多互動。總覺得他像是來自於另一個世界，她永遠走不過去。幾個禮拜後，學校社團活動開始，這才赫然發現他們都選擇了熱音社，雙方選擇樂器也同樣是爵士鼓。接下來日子裡，他們一起上課下課、一起去社團活動、一起到外面音樂教室學鼓、一起承擔壓力和挫折。男女都會和對方分享生活中喜怒哀樂，開心時一起笑，失意時給對方安慰。在那青澀年紀，他們都以爲自己終於找到了所謂知心。

朝夕相處終究讓單純友誼昇華了！都知道，他們在對方心中有著不太一樣地位。可是沒有談過戀愛經驗的她很害怕，害怕成爲情人之後，那位最知心好朋友就不見了！而且情人總有一天會分離，朋友才是永久長存，而她一點也不想失去他。愛情雖然令人嚮往，可是一切還是未知地讓人惶恐。

然而最後，還是確認了彼此心意，成爲一對戀人。兩人走在一起之後，他們生活並沒有改變太多，仍舊是每天膩在一起。只是在他身邊時光感覺更甜蜜了，心中充滿著歡愉感覺。無時無刻都想著他，只要是關於他所有一切，都是那麼美好。那時候，她總覺得自己是世界上最幸福的人。日子一天一天地過去，經過這樣朝夕相處，他們之間出現了越來越多衝突，有好多次大大小小吵架。雖然最後都會和好，但她知道每一次狠心話語都在對方心中留下了傷口。他們也不再像以前一樣，向對方分享自己生活中所有事情。到了最後，他甚至開始躲避她。害怕他就要這樣離開，於是她變本加厲地纏著他，然而這樣只造成了反效果。

記得，兩人在一起最後一天，他寫了一封信給她，說他不想再傷害她了：「不是什麼都憋在心裡，我好想什麼都跟妳說。但是我好害怕，情人讓我敞開不了心房」，於是她最害怕事情發生了，他們分手收場。面對生命中第一次分手，也是第一次發現，心痛有多痛，像是能把人侵蝕掉一樣。她生活空間就這樣空了一塊。面對所有事情都很低落，連最愛自己如家人朋友們都能傷害，整個人像是失去了意義。

從那之後，她花了半年時間重新適應沒有他苦悶生活。那段不願回想時光裡，也曾不爭氣地哭著要求他回來，也曾生氣地叫他別再出現在面前。但那些情緒終究是過去了！心情平復後，偶爾也會想起兩個人在一起美好時光。然後才發現兩個人就像有稜有角兩塊石頭，越是親密越容易產生摩擦。若是當時能夠彼此多容忍、多體諒對方一點，終有彼此光滑那天。

現在已經不會怨恨或留戀過去，甚至由衷地感謝他，感謝這段感情替G女留下充滿回憶的過去，並且將自己淬鍊出更成熟又堅韌！

32

每個人心中都有一個無法取代的故事，無法取代的人。女孩幻想中會出現粉紅色泡泡，尤其看到自己偷偷暗戀那個人時，一顆顆啵啵啵地往上冒。也像是沒有熟透蘋果，咬下去，酸酸滋味。接著，舌尖嚐到一陣苦澀，最後嚥下去，又有一陣馨甜，在喉間，在嘴裡，縈繞著久久不散，讓人無法忘懷。

H女初戀，或許比別人來得晚。遇見他之前，她看著身邊朋友，一個一個，像是約好了般，一下子因爲男友邀約而悉心打扮，唇畔開出一朵又一朵美麗心花。一下子又因爲吵架不和而愁雲慘霧，暗自神傷落淚。雖說她也會在她們開心時替她們高興，在和男友吵架時，跟著她們臭罵幾句。但偶爾，看著她們模樣，忍不住也會在心底偷笑。她從不相信自己也會變成那個樣子，如此不像自己。

認識他，是在高中校園隔壁商家Subway三明治店，那時他在店裡打工，而她是固定禮拜三晚上會出現的小小顧客。看在別人眼裡，他們是奇怪組合，相差四歲的差距，加上一個台灣南端和北端遙遠距離。牽繫著他們是，奇妙因緣和錯綜複雜牽連重疊的朋友圈。她想她會一直記得他們之間第一次對話，還有他遞著剛做好潛艇堡三明治，上面畫著她最喜愛動物大象；一起吃過的餐廳，一起並肩走過的路，還有她總是戴反的安全帽。還有每一次每一次看進他的眼底，清晰地看見，是和她相同的渴望，強烈地令人怦然。他們都喜歡張懸，也都聽Radiohead。咆哮山莊是他們共同最愛，而電影就更不用說了，阿莫多瓦每一部都是經典。就算在別人眼裡他們有多麼不搭嘎，那又如何？他們怪怪，他們相愛。

但在每一次爭吵，每一次劍拔弩張，也都在彼此眼底看見了想把對方狠狠撕碎再揉進自己心底的渴望。相同價值觀讓他們變得太像太像。他的痛就是她的痛。他們看見了彼此的痛卻只想狠狠地、用力地把傷口挖得更深。但在同時，也深深地傷害了自己。就像咆哮山莊小說裡，Catherine說：「他的痛就是我的痛，他比我更像我自己。我就是希斯克里夫！」

後來，他們還是分開了。或許戀人並不是最適合他們倆人關係，但在彼此心中，都爲對方留了個位置。當不成情人，卻是彼此最重要知己，比自己更了解自己的伙伴。她的故事教會了她在兩人世界中，要懂得體諒，學著去包容。雖然現在她還懵懵懂懂，不知怎麼樣的感情才濃烈適當。但希望下一次，遇到再一次讓她怦然心跳男人，那時，H女學會該如何去愛。

33

其實也不確定他到底是不是I女的初戀?初戀，是那個你和第一個在一起的人?還是讓你第一個心動的人呢?她想應該是那個讓你第一次悸動的人吧!有人說小時候的愛不是愛，所以想起國小時小小男友，卻一點感覺也沒有。但是到了國中時，也許是真的開始長大了，印象深刻。

好多故事和初戀有關，也有好多人對於初戀，念念不忘。想起最近電視上一部韓劇，故事裡說：「初戀，每個初戀都那麼美麗的理由。不僅是初戀的他那麼美麗，也可能是因爲在那初戀情境中，有我不成熟的年輕，有無比天真的我，和熱情無比的你。還有，知道再也不會回到那年輕純潔的時光了。」看到這段話，她被深深地感動，它簡單又直接地道出了初戀美好和令人嚮往。她認同它所言，也許大家對於初戀懷念不已，並不單單只是因爲兩人之間情感，更因爲當時那段年輕歲月，是人們無法重來的青澀和天真爛漫。隨著年紀越來越大，似乎越來越無法像過去一樣義無反顧地去愛、去做自己想做的事，需要面對現實多方考量。她想也因爲如此，年少輕狂時，所散發出如火熱情也是大家對初戀的惦記。

憶起另一段話：「初戀是天真的，沒有精確計算，用純真和熱情把一切都拋棄掉。如果結果是失敗收場，但這才是最好的！因爲這是一個再也不會擁有獨特體驗，和感情交雜的故事。」記得國中時候，一入學，坐在一個男生旁邊。她知道他是誰，因爲就讀國小時候，他就是個受大家歡迎的小帥哥。大概是從坐在隔壁的那次機會，她開始對他產生好感。雖然他表現得像個小痞子，總是喜歡開玩笑或是逗她，但是卻又總在不經意間說了些話，讓她覺得受到鼓勵或是支持。他也會有些貼心小舉動。因爲國中時她很認真地唸書，成績也名列前茅，但總有小失意時候。他竟然也會鼓勵她別太在意，下次一定會更好。而且他一開始也是功課不錯，曾和她討論作業。甚至當他覺得對自己有點失望，也會和她傾心吐意。她喜歡那種可以給他一點點幫助的感覺。就是喜歡那萌芽過程吧，還有他小帥氣和微微輕佻神情，很吸引她！願意默默地付出，希望可以給他一點點幫助。

不過他的小痞子個性，讓她捉摸不透！印象最深刻，他似乎對她開了兩次大玩笑，雖然很難過，但還是偷偷地繼續喜歡他。國一時候，他問她要不要當他女朋友？整個人緊張透了，因爲有媽媽禁止戀愛命令。但是她卻又好喜歡他，這讓她煎熬地都不能好好上課。但是最後，他似乎跟她說只是開玩笑的！她整個人傻掉了，因爲他一直都對她做出曖昧舉動！幾天後，他和班上一個漂亮女生在一起了！她的結論是，他拿她的天真當作他練習告白的工具！後來升上國二，他又做了同樣事情，對她告白。但是後來又說，他覺得還是不要好了，怕會影響她唸書，希望她好好唸書！這又再一次傷害了她。現在想起那時候心痛和煎熬，就覺得有趣。她躺在房間裡，抱著棉被偷偷大哭，感覺心臟就要裂開了一樣，當時覺得也許那就是最痛苦的事了！少女心情，因為他對她某種態度和一舉一動而隨之起舞。今天他摸摸她的頭、今天他對她笑了、今天他特地坐到她旁邊來閒聊、今天他豪邁地搭了她肩膀、今天他不理她、今天他好冷淡。那些日子，除了真正唸書和朋友之外，他對她的影響說有多大就有多大。不過就算他有點壞壞模樣，但是她可以高興的一點是，在他心裡，她似乎和朋友有一點點不一樣。因為他只和班上三個女生特別好，她就是其中之一，其他兩個好像都曾經是他女朋友。他對她很講義氣，當她被誰欺負或是生氣到哭時，他知道後就會過來安慰她，說誰欺負她告訴他，他幫她打人、幫她出氣。每次聽到這種話，就好開心，像是自己有一點點被特別對待！現在想起來，自己怎麼如此知足啊？默默地喜歡他、默默地承受他對她帶來的所有影響。國中生活記憶，有三分之一會是關於他吧！不是他們兩個一起做過什麼事，而是他帶給她的每一種情緒，「因為這是一個再也不會擁有的體驗，和感情交雜的故事」。雖然現在想起來有點蠢，但是她想這也是她會珍惜的一個美好回憶。

不過發展到最後，也還是不知道他到底對她是怎麼想的？他們之間發生過所有種種到底算什麼？讀高中，因為都要坐車到台北唸書，他們在搭公車回家的路上，偶爾也會遇到。這讓她想起當時悸動，也非常高興遇到他，她想這就是初戀的力量。不管多傷痛或是多曲折，久久想起還是很有趣。而且，I女還記得那時髦小子身上擦的香水味。

34

還懵懂青澀年紀，未知的情緒，從未體會過的心動，在初戀出現時，這些從未有過感情波動，一樣樣出現在身上。

花朵尚未綻放，就凋謝了！但這段感情，成了J女人生路上不可抹滅一頁。朦朧情愫，是從什麼時候開始？像一張蜘蛛絲編的網，一開始並不自知，最後卻發現自己早已經被緊緊纏上，無法掙脫出來。

心中那個他，什麼時候認識？那是個久遠到不可考，因爲小時候就認識他了。但是，對他有種感覺卻是在好多年之後。身爲家中長女，一直都在照顧比她小的人，所以也很嚮往能有個哥哥。比她大了好幾歲的他，即使是一個從未想過會喜歡的人，依然成爲她心中漸漸出現的那個人。

有人說日久生情，但她的情況大大不同。跟他認識了幾十年，但真正相處時間卻是每年不到兩個禮拜。卻是在這每年短短相遇時刻，悄悄地喜歡上這個熟悉又陌生的他了。不知從何時開始，每次他出現，視線總會不知不覺地跟著他，總會希望他一直出現在眼角餘光中。但，彆扭的是，因爲只有在回阿公家時才有機會見到他，所以不管是感情，還是偷偷注視的視線，都要小小心心不能讓家人長輩發現。

帶著這種初戀，同時也是暗戀的心，過了三個年頭。三年時間似乎很長，但對他的感情像是蠟燭一般。在三年中，反反覆覆不斷地再次點燃又熄滅，而蠟燭卻是越燒越短，終至消失。燈盡油枯嗎？並不是！只是漸漸將這段感情淡忘掉，直到它消失不見而已！這三年，短暫相處時間，有了許多美好回憶。雖然從沒有過「兩人世界」，但是一起出遊、一起守夜、一起工作……等等，都留下不可抹滅記憶。

這段暗戀情感中，體會到從未有過的情緒。關注著他每一個動作，因爲某些小小發現而驚訝不已！希望能多去瞭解他，又會爲了某些微不足道小事情而雀躍不已……等等，種種現象都顯示出「陷入戀愛中的人都是不可理喻的」。如果可以，其實很想感謝他，感謝他帶來種種感受與感情。

爲什麼會說，「初戀，在花朵尚未綻放時就凋謝了」，是因爲從沒想過，她跟他之間會不會有結果。不管學識上、生活上和許多方面認知上，他們都不盡相同。若不是阿公和他爸爸是朋友，男女之間是永遠不太可能有任何交集。所以打從一開始就知道，這朵花不會綻開，只會成爲回憶錄中一朵珍藏的壓花而已。

現在，已經放開了這段感情，不再跟著他的出現、他的一舉一動而旋轉。但J女想，即使過了很多年後，還是不會忘記對他曾經有過那份感覺。每當翻到回憶錄那一頁，壓在書本中那朵壓花，仍會飄起一股淡淡幽香。

35

二十歲那年，K女遇見了二十八歲的他。

統計，一個注重邏輯與理性的科學，將他倆故事用數字譜成一首抒情詩。

迷人雙眸、微翹睫毛抑或是甜美微笑，並非她在他眼中第一印象，反而記得最清楚乃是……初次見面當天，她所穿灰色棉褲和剛洗完澎澎長髮。那天他耐心地替她解惑，在台上講得口沫橫飛；而她在台下，專注地看著解題的他。

他，在她最美時刻，遇見了她。心中原本平靜無痕水鏡上，激起一波波漣漪。從湖心開始，一圈又一圈，一圈又一圈地往外擴散。他倚在樹旁撥弄豎琴發出悠悠旋律，琴聲從遠方一陣陣地傳進她耳裡，搔著她耳骨，擄獲她熾熱的心，噗通噗通地跳躍著。

滿天星星夜晚，他們在湖邊細語。冷風呼嘯而過，掠過湖面，驚動了熟睡的夜，卻無法吹熄心中對他滿腔熱情。「冷嗎？坐來我這吧！」他緩緩地說。一向怕冷，她害羞地鑽進他胸膛裡。他用膀臂環抱著她，讓她覺得好安心。那夜，感受到一個男人溫柔呵護，幸福溫度全都呈現在充血的粉色臉頰上。

工作忙碌，對她關愛卻不曾減少。爲她親手縫紉黃色檸檬抱枕和小黑貓絨毛吊飾；知道她血液循環不佳，手腳冰冷，便爲她準備小毛毯與室內小毛靴；天氣轉涼時，會特地爲她準備一件防風外套與保溫瓶……總是爲她打理好生活中瑣事，同時還會給她一些小驚喜。生活因爲有了他，變得多采與甜蜜。

偶爾會爲些小事和他鬧脾氣，但幾乎都不曾發脾氣。總會問：「現在的我能爲妳做什麼？」他常說猜不到她心中的想法，但總是願意去做，盼能平撫她的心事，因爲僅單純地希望她每天過得開開心心。

曾非常在意他不是她的初戀，這件事上，甚至還因此差點起衝突。初戀對她而言，是第一次心動感覺，第一次認真地想進一步認識異性的過程，這是別具意義！因爲初戀是開啓人們對愛情培養與學習的象徵，是唯一，是記憶深刻，是獨特的。他卻無奈地說：「難道沒了初戀、沒了初夜的男人就不值得妳愛了嗎？過去的事都過去了，她對我也不再具有意義，妳才是我現在想要珍惜、想要把握的人。」聽完這句話，她淚如雨下。頓時才明白，愛一個人就是要真心地接納他的全部，並且願意和他一起牽手走下去。

「我不會說愛妳的話，但我會做許多愛妳的事。」這句話好樸實。沒有初戀的狂野與熱情，沒有矯情文字，沒有山盟海誓般悲愴，卻能讓她體會到他澄澈的真誠、深深愛意。或許這是他在經歷幾段無緣情感後，對經營愛情小小體悟吧！

十分雀躍能在最美麗時刻遇見他，讓她初嚐愛情甜美果實，同時也讓她嚐到青澀滋味。讓K女明白愛的本質，就是替對方著想，願意爲對方而努力，只爲換得對方一抹微笑。

36

初戀如同咀嚼酸、甜、苦、辣，但卻値得一再回味、翻嚼。每回想起，不再錐心刺痛，取而代之是莞爾一笑，一個只含著甜味的微笑。青澀國中時期，一個擁有陽光般笑容男孩在L女腦海中逐漸清晰……

剛開學，男孩就坐在她旁邊。他隨和又開朗個性讓他們不久便熱絡起來。很快地，變成了無話不談知心好友。放學一起盪鞦韆、吃冰淇淋；一起讀書、討論功課；一起出遊、嬉鬧。直到一天，他告訴她心儀的對象，這才從內心酸酸嫉妒裡明白，自己原來如此喜歡著他，無法自拔。上課時，常偷偷瞥看著男孩側臉，那明亮智慧雙眼和陽光燦爛笑容，深深吸引著她，像著了魔。他展現一言一笑都叫她怦然、悸動。卻始終沒有勇氣向他表明心意，只要能在一旁看著他，就心滿意足。因此她決定處在好朋友位置上，傾聽他的難過，享受他的喜悅。她的世界圍繞著他打轉，沒有他，生活便索然無味。他是她的依靠，也是最瞭解她的人。

國三那年，一天，他突然問她，想不想說出彼此喜歡誰？看著他緊張眼神，有點不知所措。不確定他眼神中的答案，她仍點頭表示願意告訴他。從班上座號的一號猜到最後一號。或許因爲都太害怕對方喜歡的不是自己，終究沒有說出口。喜歡他整整三年了，長期以來一直忍受他喜歡不同女生，而自己在一旁默默等待。不知道什麼時候會輪到她，可能永遠也不會。過幾天他和她說，如果現在不說以後就沒機會了。細細揣摩這個句子涵意，有點摸不透。爲什麼一定要等到「我開口」？一氣之下，也不多說什麼，就這樣竟然錯過了在一起的黃金時機。幾個禮拜後，她終於鼓起勇氣表白，才發現他已和她的好朋友交往。就像雷電直劈心臟，過了好久才勉強擠出一絲祝福微笑。接下來幾個月，每天以淚洗面，成績一落千丈。以爲世界要垮了，河海要乾枯了。同一個班上，看著他們每天眉目傳情。她開始痛恨上學，痛恨看到曾經深深喜歡著的男孩。最難受莫過於，她仍須和他們笑鬧，仍須僞裝著快樂，因爲不希望讓他感到愧疚。

當時一位朋友和她這麼說：「或許妳現在覺得這件事很嚴重，徹底攪亂了生活。但我想告訴妳，當你飛到上空會發現，其實這只是如同螞蟻般大小事罷了。」那時非常不能理解，但事後回想起來，確實如此。雖然那時療傷花了許久時間，但並不後悔喜歡上他。曾經的悲憤已化爲幸福的回憶。他那面孔深深烙印在她心裡，永遠不會忘記。覺得很慶幸，因爲曾經擁有那段美麗時光。L女一直想告訴他：「真的很謝謝你，我心中永遠的陽光男孩。」這是一段刻骨銘心初戀，現在憶起，仍帶著一抹幸福微笑。

37

高二那一年，爲了準備即將面臨的學測，M女幾乎每天一放學就奔往補習班。面對著一疊又一疊厚重參考書，永遠讀不完講義堆在桌上，良心話，無論是身體還是精神，都累了！好想好想停住反覆的步伐，休息一下，哪怕是一下子，也是種奢求。

在這種精神狀態下，加上體內靈魂欲尋求一絲自由的渴望，從未談過戀愛的M女在那段時間，似乎嚐到了戀愛新鮮滋味。

補習班座位旁，坐著一個再平凡不過男生。記得他們第一次講話，是他先問到某次上課進度及作業。起初她有些驚訝，但還是回答了。從那次以後，他們彼此只要功課上有問題，都會互相討論、鑽研，甚至還會一起在下課時間去買晚餐。趁著老師上課前半小時，一起邊吃著買來的晚餐，邊聊著各自學校內趣事、社團、活動、朋友、老師……等，漸漸地，變得無話不談，甚至會在假日，相約在市立圖書館讀書，或一起去書店看閒書。段考當天下午，如果兩個人時間都許可，也會一起逛逛街、看電影。

這些互動對於很少跟異性相處的她而言，是一種很特別的感覺。尤其又讀女校，和異性交流時間可說是少得可憐。但自從認識他以後，發現和異性相處也不如想像中那麼難。共處期間，彼此都不確定對方真正心意，沒有誰對誰告白，也沒有所謂「情書」這回事。唯一能夠確定的是，與他談話時，她能隱約感覺到空氣中淡淡清香，似乎身旁身後都開出了一片一片美麗花園。

沒有真正談過戀愛，或許這就是所謂「戀愛感覺」吧！那是種奇妙，會令人不禁欣喜、勾起嘴角間一抹微笑，心情上微妙轉變又是如此細膩而脆弱。

其實，那是單戀或是雙戀都已經無所謂，重要的是當下在一起，能感到由衷快樂及享受。畢業後，由於見面機會大減。現在，他們不再像以往那麼熱絡！偶爾關心和生日祝福還是存在著。

你問M女會失望嗎？難過嗎？其實不會，因為她已經把那段回憶中所有甜蜜及歡笑，都密封在深深心底，永久保存。

38

愛情悄悄地走來不帶一絲絲聲息，卻在剎那間佔據N女滿滿的心，將各種五味雜陳情緒全部傾倒給她。有時因爲不經意碰觸而感到害羞。有時因爲其他異性靠近他，而感到心頭一陣酸。抑或他一句關心言語而窩心不已。初戀，讓她變得好感性。

初戀，是愛情成長萌芽期。

就像剛萌出芽小豆苗，對外界環境很陌生、很好奇、很害怕，總會小心翼翼地試探對方心意。深怕一點錯誤觸碰，會讓彼此曖昧氛圍如泡沫般，一戳就輕易地破裂。初戀，讓她手足無措。

初戀是一張白紙。

因爲第一次「喜歡」別人、想全心全意地對一個人付出，兩人之間會有許許多多「第一次」：第一次約會去看電影、第一次肩並著肩看夕陽緩緩落下、第一次爲了雞毛蒜皮小事爭吵。無論是喜是悲、是酸是苦，這些「第一次」都爲白紙添增五彩繽紛顏色，也爲記憶寶盒添加不少美麗寶藏。

一生就這麼一次初戀。或許因爲一些阻礙，使兩人無法繼續走下去。也許剛分離時那種痛心欲絕的心碎。當時間漸漸走遠，內心不再對他感到悸動、不再傷悲。回首這段美麗初戀，留在青春畫布上，是一份份深刻回憶！

39

……O女曾經喜歡過一個網友，一個沒見過面的網友，對方是位加入中國共產黨中國大學生。他很擅長畫圖，最常畫中世紀的盔甲。其畫風跟人一樣，線條俐落、光影分明、構圖充滿爆發力。在她徬徨失意，他曾以繪畫方式來鼓勵。她有時也偷偷學著他畫圖技巧，因此開始畫起中世紀的鈑金甲。……

抬頭

「對不起，我們要打烊了！」一位女服務生甜美地前來提醒。

抬頭看著她，歉意回道：「都這麼晚了！不好意思。」

仍舊未正面答覆什麼是看不見的憂傷心靈，最後，只是對女教授講：「世事無常。去冒險！多趣人生。」

用一個晚上，耐性地、真誠地、輕緩地細訴一段段新世代內心衝擊青春情事，它如同一條流過很多地方的蜿蜒長河，一條緩緩流淌飽滿種種情調的愛河。

折翼

心靈上折翼，不同於生理上疾病，父母對它毫不知情又愛莫能助。

性愛覺醒之前，少男少女面臨苦痛，是公雞，是苦瓜。

「記得自己學會走路那天早晨，表哥興沖沖地帶我去鄰居家花園玩。結果，鄰居所飼養大公雞不知道是把我當獵物？還是怕我搶他家眷？一直追著我、要啄我。天啊！我十分鐘前才學會走路，現在連跑步都會了。那隻公雞追我追到了家門口，我跌了一跤，抬頭一看，那公雞把牠鮮紅雞冠抬得老高——我的記憶便中斷了。之後，作夢也常夢到這件事，每次都讓我在公雞腳邊嚇醒。」

「上幼稚園吃午餐，老師說要全部吃完才有甜點可以吃。所以我一邊哭，一邊痛苦地想辦法把午餐的苦瓜湯喝完。等我終於吃完苦瓜湯，可以吃飯後甜點的時候，已經是下午三點鐘。這時，也正是全班小朋友準備要吃點心了。」

性愛覺醒之後，難忘棉被裡痛哭的青春！

華茲華斯那雙眼睛

三月，課堂上介紹完桂冠詩人華茲華斯生平背景，正要進入詩人的彩虹世界。天邊一道彩虹，不但連結人生過去、現在、未來不同階段，而且象徵著，它把人類豐富創意和仁慈的大自然連接在一起，它也把人類靈感泉源和感官上饗宴牢牢緊握住。

望著講台下大多數來自於電資學士班、電工、機械、光電、電機、土木、應化、生科、工管、應數、資工等理工學生，不免掛心青年人僅將大自然隸屬歸納於文學讚嘆、感性描述，而忽視了自然界對科學無限啓示?靈機一動，興起先讓他們發表大自然對人類科技文明發展有何具體影響及舉例。如此，當年輕學子們接下來閱讀浪漫時期英國詩人作品中，有關自然和人類心靈主題時，能感應身受。

紛紛發言下來，發現，這些理工學子們反而爲我打開了一扇窗。

大自然，與科學有著密不可分關係。在文學美麗描述下，其實自然界更處處隱藏著科學奧秘。像是樹木葉子生長，其實大致上是按著有名的費氏數列生長。許多大自然中美好事物，也大都符合所謂黃金比例，提供了我們對「美」的直接憑據。不止如此，許多生活中科技運用，其靈感或發現也往往來自於大自然。蓮花效應被應用，提供了奈米科技，使生活品質更加提升了一個層次。我們也從對魚類的魚鰾觀察中，創造出潛水艇。藉由潛水艇，人類也更能夠發掘大自然不爲人知的另一面。

科學家利用植物的特殊細胞來研發、治療人們的疾病，或用於實驗。

自然中所發生美好事物，其背後都有一個自然定理例如彩虹。在文學中，通常象徵著遙不可及、美麗耀眼。但彩虹也是因爲光線經過水滴產生的現象，是光的二次折射及一次反射而成。知名藝術家兼科學家達文西，找到了人體黃金比例。不但設計了許多當時認爲不可行的機械，同時也留下一幅大家至今仍在讚嘆「蒙娜麗沙的微笑」。

最早的科學領域，應該是物理。更正確來說，是觀察自然界星象，歸納週期，解釋其原理，爲的是幫助農業生產。宏偉潮汐現象，與星球引力息息相關。雖然星體很美麗，不過對於科學和實際生活用途更是重要。從古代年曆到伽利略、哥白尼，到牛頓等，有許多都是由觀察星體而啓發科學的思想。

科學試著解釋大自然之美，更透過不斷地發現、探索來造福人類。就像科學家發現細胞、基因，能夠在顯微鏡下看見細胞內部的對稱、五顏六色、各種形狀的胞器等等。而這些微生物科學，更在現今幫助我們藥品製造。

科學往往是受到自然的啟發，科學也都在研究自然現象。許多科學的進步是從觀察自然現象開始，例如觀察星星運動軌跡，而發展出克卜勒三大行星運動定律。

大自然中有許多看起來並不合乎常理，而科學則是藉由觀察與猜測，以尋求合理且和所有現象皆吻合的解釋。例如光穿過小孔後，會在屏幕上形成同心圓圖像。科學家因此證明光有波動性，有干涉與繞射等現象。

富蘭克林研究閃電正負離子現象，才有今日的避雷針。

當人類美學意識投射到自然景物，相關藝術創造勢必產生。自然景物倘若具有意義，乃由文學家賦予。自然科學的研究主體與文學不同處爲，前者是自然即外我，後者是內我。從牛頓時代至今，自然與科學兩者關係有以下哲學基礎：自然是可以被研究，因爲人類假設相信其具有同一性、不變性。也就是自然從創造好那日後，維持原狀不改變；科學不能理解本質，僅能從「自然行爲，即物理機制」描述自然；又自然的語言可以由人類創造的數學逼近？

留神地聽完學生們講話後，安下心來。告訴自己，可以開始邀請學生一起朗讀、賞析每每讓華茲華斯定睛的那道彩虹。因爲，可預見，大自然、文學和科學，三者可以相知且攜手前行，一路平安如窗外三月天。

他，選擇了一條路……

「Two roads diverged in a yellow wood,

……

Two roads diverged in a wood, and I—

I took the one less travelled by,

And that has made all the difference.」

Robert Frost（1874-1963，美國詩人）

二十世紀美國詩人於清晨黃樹林裏，選擇了一條人煙稀少、覆蓋在枯葉下看似少人踐踏足痕林間小徑。兩條路，代表了兩個可能目的地、兩種不同人生。往往，一個人做了選擇，就決定了他往後境遇。

見到吳校長，是在一九九五年和一九九六年夏日。連續兩年帶領交大大學部和研究所學生，飛到北加州國際頂尖學府史丹福大學，註冊「美國語言與文化」上課三個學分、爲期四星期暑期課程期間。回想起來，應該是在一九九六年初春，當時陳龍英教務長召集了研發長吳重雨教授、史丹福大學 VIA（Volunteer in Asia Program）總裁 Dwight Clark 先生、通識中心顧燕翎教授以及我，齊聚行政大樓（今日中正堂對面白色三層樓房）二樓。大家一起討論交大和美國史丹福大學暑期課程交流成效。由於兩校第一屆一九九五年暑期課程啓動，即是由我擔任 Faculty Advisor 領隊教師之職，因此，那天討論會由我簡報第一年台美雙方師生交流概況。

如果有人現在問我，當時對吳研發長神采印象，我會說，那就是現在各位所見到的吳校長。總是身著西裝，散發著一種穩健、從容風範。

多位師長知曉自幼苦學有成吳校長，在主掌校務之際，最能體會交大一些優秀學生對獎助學金的依賴。換言之，近年交大極力推動精進教學，全力打造以學生爲主題的一流大學。因此，當教育部核撥下來五年五百億經費減少時，校長乃指示相關單位務必優先保留霹靂博（博士生助教）的員額及經費。

另外，校長也會在課後夜晚時分，熱心參與且去關懷學生學習成長活動。例如，晚間出席由交大服務學習中心所主辦「二〇一〇交大印尼國際志工成果發表暨志工論壇」。我在全程出席情況下，與其他師生一起聆聽校長以英文致詞，勉勵交大學生與志工論壇國際友人。

六月下旬，早晨，教務長正在國外參加會議並參訪。因此，囑咐我代他出席教育部「高級中學科學班升學進路規劃與學習成效會議」。午間，散會，即刻鑽進公務車返校。汽車奔馳在台北川流不息車道上。轉頭望著車窗外，快速閃過的城市浮光掠影。忽然，手機響起。一聽，是校長室秘書撥打過來。詫異?她轉達校長將有事情要指示!不久，吳校長在手機上關切系所合併案的名稱稱謂等問題。近午時兩點鐘，返回校園。即刻來回在教務處綜合組張主任、管理學院張院長、以及校長辦公室之間彼此詢問交流後，才將結果呈報校長。

鑒於教務長因其他公務在身，我有幸列席校長於某日下午所主持「九十九學年大學部新生家長座談會」，以及於另一個午間所主持「學生週會與校長有約座談會」。兩度和校長在現場與學生、或與學生家長座談。前者，會議中，校長先後指定我就教務處的立場，分別表達校際選課、外語選課、國外短期留學獎金、台聯大系統合作交流、NCTU-online 網址等議題做說明。而後者會議，校長也指定我從通識課程、英語檢定、課務組排課、及生涯規劃等學生當場所提出問題，做出回應。

十一月中，代教務長出席由校長主持「九十九學年度第二次臨時校務會議」。會中就增設客家學院傳科系碩士班，以及電機資訊國際博士班學位學程兩個議題，校長現場交待我回覆，並說明一些案由內容。

兩次座談會和臨時校務會議上，分坐兩頭。卻經由麥克風來回交往，以及在手機上對談經驗，卻讓人感覺到，我與吳校長之間距離不是那麼全然遙遠與陌生！

不過，難忘九月十七日上午由吳校長召開的「校務推動會議」。會前，一進辦公室，我特別詢問了一下助理，當天議程中有否教務處的報告案或提案？好事先有個準備。我得到答案是「沒有！放心去開會吧！」未料，會中卻要討論由頂尖大學計劃辦公室提案「一〇〇至一〇四年第二期頂尖大學計畫經費規劃表」，而大吃一驚！我看了附件教務處資料，卻一頭霧水？不知如何臨時去說明經費表金額呈現的意義？

眼見就要輪到我來報告，不顧一切立即起身。先是故作鎮靜，待一出門，立即飛奔教務長室找負責經費的同事，想瞭解當初教務長規劃原意爲何？她快速講了幾個重點，我略作筆記後，即刻衝回第一會議室。一進門，又故作鎮靜狀坐回原座位。

此刻，已跳過教務處而到國際長正在報告。私底下深信，我人忽然不見了而忍住氣的吳校長，竟待前一位主管講述完畢後，平靜地看問我：「教務處要報告嗎？」他看我出現在眾人面前，仍舊不吝給我些許尊嚴與平和氛圍。我像極了一位不知情而未及時做作業又尷尬又羞愧的學生，意外地獲得如師長般吳校長給我一個台階下。心生感念，也體驗到他絲縷厚實氣度。

幾個星期前，冬暖，午後，不期而遇一位相知多年教學單位主管。我們談點教務，說些人生，看著周遭，於是不知不覺地回想起遠近不同大學校園裏一些人與事。我靜靜地聆聽著分享者思緒：「人生，有些事，外界來決定。但是自己可以來決定自己的風度，不會在內心深處被決定！如此，就可以自主、自己擁有對處境的看法。勇於面對生命中任何價值或信仰，都是令人動容！唯有勇敢過，才知道自己底線何在？坦然和接受挑戰。如此，生命走過的豐富紋理才會浮現！採用另一種心境去看，原來，『我可以勇敢』！在勇敢與不勇敢之間，去認識自己，去測試對與錯、浮與沉的定義，去走向更多可能，延續到未來！身於重新認識自己過程中，超越任何所謂的結果，去累積智慧，去自我瞭解生命中豐富性、多層次與真諦。明瞭到自主的選擇與氣度、風範的真義。人生，沒有所謂絕對。表象上價值，太容易被人遺忘。吳校長優雅身影，可以留下，被人懷念、記憶！經過時間淬鍊，歷史會重新評價！」

誠若是，那麼

「Two roads diverged in a wood, and I took the one less travelled by,

And that has made all the difference.」

吳先生在生命成長中那份自主、決定與選擇，所流露出來雍容，而餘韻綿長。

另一種海洋書寫的內涵：豔麗與奧祕

人文社會學院李院長兼通識教育主任委員，午後，敲門。喜迎先進前輩，我們閒談討論到有關描寫、研究海洋方面作家與學者名單等。那一刻起，猶如鵬鳥展翅，探尋起海洋文學足跡。

心靈流動在一則又一則、一頁又一頁有關海洋的詩歌、小說、自然日記、觀察紀事、與生物論文。壯闊蔚藍海洋與海潮，無時無刻地對人類做有聲無聲呼喚。日積月累，人海接觸、相擁、交流後的言語，孕育出跨文化文學、文藝，與那清澈豔麗人文精神。

一、

夏天，黃昏入夜時刻，於綜合一館六〇三會議室，由交大人文與社會科學研究中心第一研究社群「近世東亞海域交通與海洋文明之興起」主辦，一場海洋文學沙龍座談會正式揭幕。

不同於一般學術研討會，本次沙龍一開始，被院長分派擔任主持人，我邀請當晚與會學者貴賓思考、分享下列提問，以期帶動且活絡彼此文思交流：

「您對海洋的感受爲何？」

「您對古今中外海洋文學作品認識有多少？」

會中安排以光碟播放視聽效果的「蘭嶼」，以及「東海岸」幻燈片。又輔助以原住民歌手、音樂人陳建年歌曲作品《大海》，來烘托出一個屬於海洋印記。

二、

海洋文學中的豔麗與奧秘。

一般而言，黑是黑。白是白。

海洋，它淬鍊了當過船員、船長、閱歷了二十年海上生活、二十世紀英國小說家康拉德（Joseph Conrad, 1857-1924）的靈魂和語言。以書寫小說來揭露表象（appearance），它不等於真實（reality）或真理（truth）。評論家毛瑞森（Samuel Eliot Morrison）認爲康拉德用一種又真實又豔麗的筆調，來描寫有關大海對人性影響所及。當面臨一個突發人生試探、考驗時，人類極可能由於當下勇氣（courage）、判斷力（judgment）或本能（instinct）等不同因素，有相異回應。後果，極可能陷入一個因爲差錯所帶來的困境與深淵。這是海洋文學作品《吉姆大爺》（Lord Jim）想呈現主題之一。

「人性中不少時候所呈現的真實顏色，是灰色？」揣想著。

一九〇六年三月康拉德出版 The Mirror of the Sea，大海如不朽的明鏡。映照出游移在黑白之間，那一抹的灰。這一抹灰，常常是人性中另一種真實顏色。

航向更遠、更深的遠方……

三、

文學作家鄭清文：「台灣有海洋，自然有海洋文學……海的試鍊正如大海，是沒有邊際的。」《漁家》是一篇站在陸地看海洋的小說，它描寫著台灣南部枋寮漁民出海，小型漁船乘風破浪，航向波浪洶湧大海深處。

一位以母語寫出台灣北部漁民生活，是杜柏雲所著《風雨海上人》。

黃春明寫海邊，寫《看海的日子》。

另一方面，寫海洋深處、蘭嶼的風、海、傳統、生存中歡樂與無奈，而意識到自身與母體文化聯結的臍帶，是夏曼・藍波安。

台灣東海岸。海洋，是生命中不可脫溢而出的軌道，也是廖鴻基創作的源頭。《討海人》、《鯨生鯨世》、《來自深海》、《尋找一座島嶼》、《山海小城》，這些著作，進而把廖鴻基推向台灣海洋文學重量級創作者之一。

陳義芝寫海洋詩一首，《海中哺乳》。

《在鯨的國度悠遊》王緒昂所著。

一九九三年春天到一九九四年夏天，單帆航遍太平洋、大西洋、印度洋、中國海、巴拿馬運河、蘇伊士運河，橫渡世界自然之旅的航海日記作家，她是梁琴霞。

近年來台灣學者們，在海洋呼喚下，或評析或演講，有關從漢到唐詩歌中海的詞彙、現代詩中海洋意象、台灣原住民魚蟹神話傳說故事。換言之，他們端視海洋與文學，他們看海洋與文化，他們也研究海洋對西方文藝的啓示。

莎士比亞戲劇中亦有海洋與人文精神。

美國文學中以海洋爲題材的優異小說，如《白鯨記》和《老人與海》等。

四、

星空下沙龍座談，東海大學洪教授，提到中國文學基本上是「山」。至於「海」，則較少著墨。在中國畫裏，海的波浪亦不是那麼雄壯。他點出麥哲倫繞地球一圈、鄭和下西洋。東西方對水的概念、海的經驗，不盡相同。西方人勇於踏足大海上看不見的未知遠方，敢去冒險。他們去剝削的同時，也努力地去了解自然界，認識人類。而中國文人精神，表現出得意時是儒家，失意時是道家。

論到「台灣古典詩賦中的海洋意象」，洪教授講述：「……清廷派來的官員，屬於『遊宦』文人，幾年一調，對渡海來台之經歷與台灣風土之記錄付之詩賦，亦時而有之。然而，大都浮光掠影，並未有從台灣本土眺望海洋所發的展望或遐想。中國大陸的文化，在文學的表現上，有 山水，有江湖，有西北邊塞，但絕少東望海洋。……」然而，洪教授大力推崇台灣原住民作家夏曼・藍波安的海洋文學，重點在於夏曼・藍波安親自潛水沈入海中，在與海中生物互動中，創造出獨特蘭嶼文明。

回顧，從海禁、山禁的歷史，造就台灣人較保守性格。因此，海洋文學起步較晚，作品不多。有人觀察，一直到夏曼・藍波安，台灣人寫海終於從「海邊」寫到「海洋深處」。夏曼的海洋哲學，呈現真實的生活，真實的哲學。

有一次，十分幸運能在台北東區誠品書店聽夏曼座談。他說身為一個真正蘭嶼男人價值之一，是和槳手們航向捕魚地方。對藍波安而言，文學創作不是冥想，不是觀察，而是實踐人和土地、人和大海之間關係。人類智慧不僅來自於與父母、土地互動所體驗出來的生活秩序，同時也源自於海面上和深海底所培育的人性面。對二十一世紀台灣海洋作家夏曼而言，海洋是民族教室、文化教室——一個被大海折磨的共同閱歷。

夏曼說，海平面二十米之下，海底充斥著上千條飛魚群潛游身邊，這豔麗壯觀海洋生態，就是海洋民族內心世界無形信仰。

領悟，在蘭嶼，太陽下海，不是太陽下山。不是街燈，而是夜空繁星來照亮島民的路。舉頭，天窗宇宙是面鏡子，認識自己。

五、

與會的本校土木系史教授專長之一，爲海洋測量。看海，他卻看到安全、規律。潮起潮落，值得信賴。大海激情，在他眼裡是一種溫暖。大海，是幻想的家。至於海洋文學，史教授印象較深刻作品《金銀島》、《魯賓遜漂流記》、《鏡花緣》等。

音樂所高教授，分享著紀錄片「南方澳記」，以及海洋音樂諸如德國華格納（Wagner）的《漂泊的荷蘭人》（The Flying Dutchman），和法國印象派德布西（Debussy）的作品 La Mer。

交大通識中心與會教授們，有人推薦瑞典曾獲諾貝爾文學獎作家 Par Lagerkvist 之作品

《海上朝香客》；或分享古希臘史詩奧德賽（Odyssey）、或奧德修斯於特洛伊城攻陷以後，回家途中十年流浪種種經歷。每一座島嶼，象徵著人生不同試探。思考著什麼是「不朽」？何謂真英雄？有人講述法國漁夫去冰島捕魚的《冰島漁夫》；有人讚嘆大海是生命的來源且富變化，並思索海洋文學與政治兩者關係等等。

六、

夏夜，海洋沙龍漫談，輕鬆且一股暖意裊裊升起，如煙輕。這爲平日嚴肅學術氛圍，增添些許活潑且熱鬧如陣陣拂面海風。

海洋，多彩豔麗又蘊藏奧秘無限，深刻無比！

跨文化的經典海洋文學，亦復如此。

中山南路二十號

有些生涯規劃，完全是我始料未及。

人生旅途中初踏公務員生涯新頁——國立中央圖書館採訪業務學習經驗。襯衫領帶、穿皮鞋、拎公事包。早出晚歸，忙於公家機關上班任公職的春與秋，絕對新鮮與刺激。不但充實了生命成長中寬度與深度，亦憑添人生旅途綺麗風光和多彩景緻。

天涯

人在天涯。

一早，加拿大艾蒙頓市公寓裡電話急促鈴聲催人。催我從床上跳了起來，跌撞地衝向冰箱上的電話去接聽。天涯彼端，母親問我何時返家?我一時答不上來。因爲，當時，我想留在北美打拼。

「你再不回來，以後說不定就再也見不到我了！」聽出母親思念親情且憂心兒子一去不返。這一句話，偶爾會在第二天於大學室內體育館、半圓形奶黃色的奶油館（butter dome）慢跑時，或者是搭公車回市區住處憑窗時，微聲響起耳畔。

決定結束九年多來在北美求學、教學尋夢歲月。從加拿大起飛返鄉，順道去了一趟美國印第安納州，重溫一些舊夢後，才攜帶剩下一千多加幣存摺返回桃園國際機場。

多年離別。一旦決定歸鄉，行前，信中特別交代母親和兄弟姊妹來接機，千萬別認錯人，因爲稀疏髮際已不復當年濃密黑亮！

出了海關，喜相逢。沿路上，車內彼此拉高嗓門地你一句我一句，並夾雜著不間斷玩笑話出籠同時，暗地讚嘆還是親情最動人心扉。

到了家，重溫出國前三代同堂一起過日子。孩子們長大了，母親肩背微駝了！家裡裝潢煥然一新，客廳餐廳中間更增添一座大型水族箱，大魚小魚悠游自在。

沒幾天就要過中秋節。遠在南部大姊要正在台北的小四，邀我去他們家過節。長年未見到大姊，馬上一口答應下來。我和小四搭客運南下。巴士奔馳中，高速公路兩旁，閃過山群田野，遠近盡是蒼翠到難以置信滿眼綠光。那久違油亮欲滴綠脂，多麼異於北美九月秋景。

站立朱紅大門前，望著三個由上而下縱向按鈕，迫不及待地問小四：「你們家住幾樓？我要按幾樓？」「你太瞧不起我們了！這三樓全是我們家的，你不知道？」原來，老房子改建成透天厝。

聽到門鈴聲，知道是我們到來，門外只聽到大姊一路興奮地大叫，從屋內衝向大門方向。開啓紅門，見到我，上前又是摟、又是抱、又是拍打肩膀，不停地嚷著歡迎及驚喜之詞。大姊沒變，她總是令人如沐春風，親友鄰居老老小小都歡喜她。

南部，中秋月圓，月下人團圓齊烤肉，樂融融。

大啖月餅文旦聊解鄉愁約一個星期後，心繫找工作，於是迫不及待地返回台北。時值大學秋季學期早開學了，想要謀求教職是不可能，惟待明年新學年開始。

台北市中山南路二十號

攤開報紙，徵才廣告大多是保險公司推銷員、工廠作業員、服務業琳瑯滿目職務徵才。某日，青年輔導委員會求才廣告冊子裡，刊登國立中央圖書館徵尋採訪主任人選。實不相瞞，猛看「主任」頭銜，猶疑猶豫一陣，擔心從未有行政主管經驗，無法勝任。轉念，閒賦在家待業近一個半月，總得找個事做，稍解內疚。一念之間，轉換爲理直氣壯，一股作氣，破釜沉舟，只有向前行。

鏡中自盼衣裝整潔後，出門搭公車。走進中正紀念堂對面中央圖書館行政區大門內，詢問人事室何在？人事主任聽我要應徵，

「是誰介紹你來的？」開門見山第一句問話。

「沒有人！」我回答。

「你怎麼知道這個職缺？」

「從青輔會徵才手冊裡看到的！」

「館長公務外出，現在不在圖書館。明天我會先請示館長，再通知你。」

一天過去，怎麼還沒有回音？稍急。

又過了一天，上午，人事主任終於撥個電話來，預約下午走一趟圖書館。

準時出現在人事室，主任卻意外地拿著一份考題和筆紙，說明館長出了考題，並引領我進入空無一人的小會議室應考。

主任帶上門離去，留下我一個人在寂靜亮室內。坐下來，還沒有翻開試卷看個明白，第一個想法是圖書館太狡猾！爲何不事先通知要筆試？爲何不讓我稍做準備再提著筆桿上陣？不過，旋想，這也正是他們高明之處。緊跟著，第二個念頭，是面子虛榮心作祟。預想要是

答題答得不如人意、甚至被拒絕，這下子傳出去，面子準掛不住。因而苦思，如何來個當場脫身之計？佯稱身體忽覺不適，改天再來應考？再思：「這種藉口，事情發展至此，只有鬼相信。」

「好吧！從容就義，寫吧！」只要不對任何人提起應考之事就是了，只有這樣寬慰自己一番。

題目包括了館藏政策方向及觀點？如何在央圖規劃一個嶄新美術中心？以及寫一封英文信函給相關單位推廣館藏業務等。邊應考，邊口服心服出題的靈活度和寬廣。還算幸運，當初，在美國拿到圖書館碩士學位後，繼續留校攻讀語言學博士時，某年博士資格考試中輔系科目之一就是圖書館館藏政策。另外，畢業後又留在母校教育學院教了一門「圖書館館藏政策 Collection Development」課程。

振筆疾書，眼珠靈轉。儘量回想之前教學上所使用教材課本，第一章到最後一章的大綱和重點。大部分以英文作答，因爲當時真不知道如何將原文翻譯成中文專業用語。

交卷。看似有信心，卻又沒把握。不過，還是鼓起勇氣借問：

「現在可以見館長？」

「現在館長不在。未來的話，要看情形。他會先閱卷，看你作答情況，再決定是否要和你面談。改天再連絡！」主任乾脆地回覆。

照舊，懷著一顆七上八下、牽腸掛肚心情離開圖書館。茫茫前途。再次走回到中山南路上等公車回家。仰天，雲天無語。秉著打死不說極機密，若無其事，一如往常回到家，不露痕跡。

兩、三天後一個早晨，十一點左右，人事主任一個電話打到家裡來，轉告館長約我當天黃昏五點鐘面試。

掛了電話，告訴自己：「這次，要記取教訓，一定要先裝備一下自己，再闖江湖。」事不宜遲，衝下樓，奔向公車二五四站牌候車片刻，再跳上一班開往公館台大校園方向巴士。不多時，奔走在椰林大道上，急忙攔截一位台大學生詢問圖書館系方位。人在圖書館系樓層走廊上，又攔住且問了一位台大學生，該系爲專業師生所設立系圖書館確切位置？進入寶庫，那時，還沒有數位化。等不及地迅速在老式目錄卡小木盒裡，尋找一本有關如何擔任圖書館主管書籍。

不找中文書，原因在於當時完全不懂找中文書目方法，唯找英文書反而比較順手。喜極，一本英文原文著述如何擔任圖書館主管書籍在手。迅速用筆先將每一章大標題記下，共十章，所以筆記了十個要點。然後，再從頭回到每一章快速翻閱，從中再挑出一、兩點關鍵註解或說明，補登在上述每一要點之下。勤作筆記告一段落，匆忙再搭公車返家。

扒了幾口午餐，開始背誦蒐集回來的資料。稍後，換上運動服出門慢跑一小時，不但希望吸進大量氧氣，活絡筋骨，假裝臉色看起來較紅潤有朝氣，說話中氣十足些。

戶外運動流了滿身大汗，回屋沖澡、洗頭。

換上西裝，打上領帶，一看時間差不多了。於是，穿上皮鞋，下樓。招了輛計程車，赴約。

被帶進鋪著紅地毯、氣派堂皇貴賓室。楊館長在閱覽組、編目組、特藏組、總務組、漢學研究中心、國際交換處、人事室、會計室等各單位主任陪同下，全員就座。驚訝一屋子大陣仗，內心暗忖，這可是硬仗一場。接著心中祈禱，一定要達陣成功意念反而更加強烈，因爲「我要一口飯吃，活下去！」就是如此卑微俗念燃起。

館長首先問到教育背景和經歷，我回答時，不僅雙眼看著主考官，同時把目光也停留在左右兩側主管們身上，力求表現出對在場先進們重視與尊敬。接下來一連串探問都是由館長主導，例如：

「你的碩士是圖書館專業，但博士卻是語言學，不是圖書館？」沉住氣不慌張，我立即解釋，以前在碩士班，Tavis 教授於課堂上既勉勵我們將來投身圖書館行業者，除了專業學位，最好能擁有另一個不同領域學位。因爲圖書館是一個多元、寬廣世界，所以跨學科知識養成更能有效地提供讀者服務。

「中央圖書館，在台灣，可以說是國家級圖書館。目前，我們應徵的是採訪主任。如果你是主任，會如何領導管理採訪組？」一聽口試考題，大悅，考題幸運被猜中。強壓喜形於色，反以一種誠懇口吻加上左右目視禮儀，將方才從台大圖書館英文書上背熟十個要點，中英文夾雜回答。

「央圖是公務員單位，換句話說，要常常寫公文。你會寫公文？熟悉公文格式嗎？」我不但舉出大學時在外文系修了一門撰寫中文公文「應用文」課目，更脫口：「在未來工作當中，我會從進出公文裡當作範本學習。我學得很快，我是個 quick learner。」長時間以來原本都嚴肅問話的館長，聽我這麼一說，當眾突然笑出聲來。

「你今年幾歲？」

「三十七。」

雖然兵來將擋，過關斬將，士氣如虹，卻儘量保持內斂。主考官終究還是搬出客套場面話：「你的條件很好，但是中央圖書館還僅是個小廟」云云。一聽，展現少見鬥志，我力爭且志氣宏天答辯，表達出願爲圖書館服務強烈企圖心。

如此表面上禮尚往來，暗地裡彼此纏鬥。忙不迭地過招、見招拆招近一個小時後，端坐在我正對面、戴副眼鏡的館長忽然不語，雙眼直視著我，好像也深陷考慮。空氣忽然凝結住，一片靜默。左右兩列一級主管們仍舊靜坐著，不發一語，完全尊重館長決定。被看得有些尷尬，我迅速從平視前方轉爲瞄看地毯。等待最後宣判時刻，也意識到這一場見面會尾聲漸至。

館長眼目掃巡四周主任們，再度開口：「你們有任何問題要問嗎？」得到反應不是搖頭就是恭敬回答沒有。

這時，館長再將目光轉向我，開口說：「我代表中央圖書館歡迎你的加入。當我說這句話的時候，你知道有多少國大代表和立法委員會罵我。因爲先前有人向我關說這個職務。」

聞言後，想到幸運地將擁有圖書館業務教學與實務相結合的寶貴經歷，而興奮不已。另一方面，有種如釋重擔之感，且單純地寬慰自己：「工作有著落了。不用再依賴家裡，經濟可獨立自主！」

散會，尾隨人事主任至辦公室。兩人當面確定一些人事資料表格填寫、近日將繳交文件清單一份。

離開圖書館來到學術界，二十年過去。今年六月初，在研究室無意間閱讀到楊館長在去年「中華民國圖書館學會會訊」一百年六月一日十九卷一期撰文「在中央圖書館的歲月」。

文中，對其任內兩年八個月印象特別深刻一些貢獻當中，勾起我共同回憶的是胡光麃先生、加拿大駐華使節 Mary Boyd 女士，還有國際交換處汪主任等。

當時，剛回台灣，待業賦閒在家個把月期間，閒暇無所事事，提筆投稿早年「海外學人」刊物，故有兩篇散文先後刊出。上班沒幾天，我影印一份文章作品給汪主任空閒時閱讀並指教。說到如大姊般和藹的她，總散發出一種穩定、祥和人格特質。公務上，館內不管要舉辦重大活動或天大事情要爆發，我總感覺同仁們只要找她諮詢尋求協助，好像都會教人吃下定心丸而不再慌張無助。有天，她邀我擔任「中國圖書館學會會務通訊」主編，當下，與有榮焉地欣然接受。隔天中午，汪主任出面召集了執行編輯和編輯小組成員，在火車站前當時的希爾頓飯店一樓開會並簡餐。會中，大夥兒愉快、熱烈地討論出新年度裡會務通訊編輯方向和主題內容。

果然，那一年八十二期、八十三期、八十四期、八十五期整年度學會刊物，都看到自己名字和汪主任並列爲主編，感到無上的責任與榮譽。而這四本圖書館學會雜誌一直保留在身邊，珍藏至今。

公餘，汪主任亦是一位親切、平易近人如大姊。八十一年一月三日，正式踏進位於中山南路二十號中央圖書館行政大門。大約一個星期後，週末，陪同採訪組和國際交換處四位同仁，我們一行五人被邀至她位於南港家中一起聚餐並唱卡拉OK餘興。如今想起，依然回味溫馨不已！

至於公務上，受館長之命，難以磨滅採訪之旅，是親訪胡光麃先生。

訪胡光麃先生

初見胡先生，八十一年二月一日（星期六）上午。之所以會和總務組許主任及本組曾先生前往其住處拜訪，乃受館長指示，去商洽捐贈手稿事宜。事實上，中央圖書館那兩年來，除了一般業務蒸蒸日上外，對展覽、典藏名人書信、日記、手稿等任務，也都積極規劃。

台北東區一條住宅巷內，我們終於找到了胡先生居所。當我們一行三人進入屋內時，胡先生早已西裝筆挺站在客廳中等候我們造訪。會面寒暄，非常訝異眼前這位面善心慈長者年已九十有六了。除此之外，硬朗身體與清晰思維都在在給人留下極爲深刻印象。爾後，他老人家有條不紊地逐一介紹目前正在整理手稿資料，不忘對當前世局也提出見解。近午時分，才結束我們採訪與請益。

一個月後，會同本組秦先生與杜先生再次造訪胡先生。我們打算帶回一些手稿資料回館，以備近期展覽及將來典藏之需。第二次會面，仍是在胡先生家寬敞、明朗客廳裡。我介紹完秦、杜兩位先生，胡先生執意要我們先喝其家人剛爲我們調製好香濃咖啡。接下來，他爲我們解說手邊成套手稿資料。談話間，胡先生也提及當初認識楊館長，是經由查良鑑先生引見。隨後解釋他之所以願意捐出資料給中央圖書館典藏，實因被館長爲國家做事熱誠所感動。末了，我們如願把珍貴一手資料帶回中央圖書館。

回館，平心靜想，由於才識疏淺，對胡先生認識了解，僅止於見面一兩次所帶來模糊印象。待回到中山南路央圖辦公室，才有時間從容細細地瀏覽寶貴原始資料。其間，無意中發現胡先生所著、由傳記文學出版「千年柴窯出土記」一書。信手翻閱，欣然在著者略歷中，不費吹灰之力找著介紹胡先生一段簡明詳細短文：

「胡光麃先生清光緒二十三年（一八九七年）生於四川廣安。肄業清華及南開學校後，留學美國麻省理工學院。民九年畢業歸國，曾在津、瀋、滬、渝創辦啟新機廠、中國無線電業、華西興業、華聯鋼鐵、四川水泥、重慶電力、中國興業等公司，助益建立抗戰基地，功績照著。歷為中國科學社、中國工程學會、國防會等會員，致力工商事業半世紀。刻退居台北。曾就其多年經歷，以其所目擊的近代各類維新事項為經，以其所接觸過上項各事的人物及其言行為緯，著有『波逐六十年』、『中國現代化的歷程』、『影響中國現代化的一百洋客』等書，為時所重。」

閱完此略歷，對胡先生認識與了解才漸漸清晰、具體。隨後，坐在辦公室內沙發椅上，迫不及待心情來檢視他所贈送原始手稿資料和著作。基本上，這些資料可分爲八大部分：

㈠大世紀觀變集目錄

敘述百年內胡先生所交遇的人物情事與身歷的社會演變。而此集共有六冊。第一冊是「波逐六十年」，敘述早期身歷見知的時事。第二冊爲「中國現代的歷程」，描寫中國百餘年社會演變。第三冊名「世紀交遇兩千人物記」，此冊敘述其一生交遇中外人物與情事。第四冊「影響中國現代化的一百洋客」，作者講述來華的一百洋客，半數均曾與作者交遇過。第五冊是「旅台叢文三百則」，提出旅台所存往來文件。第六冊爲「胡大史（駿）詩文選」，記載胡葆生公著作詩、歌、駢散、記事文選。

㈡函評原件

此資料中集有名人手稿（即致胡先生信函）包括查良鑑、楊繼曾、沈雲龍、吳舜文、陳立夫、郭驥、嚴家淦、李國鼎、杭立武、朱撫松、黃少谷等信件原稿。其中，胡先生也蒐集了一位住在高雄邱姓讀者信函，這位讀者在信中表達閱讀「波逐六十年」後心靈深受共鳴心路歷程。

(三)交遇人物書函影存

其中有胡適、陳誠、蔣緯國、周至柔、張繼正、和毛高文等諸位先生書函原件

(四)家族人物影存（含照片）

(五)英文函件

(六)叢文雜存

(七)內容摘要

(八)二〇〇交遇人物影存

手捧著胡先生珍貴私人檔案，使我想起當年一月二十七日，美國紐約公共圖書館顧問馬大任先生應邀來館作了一場專題演講：「私人檔案與圖書館」。馬先生當時明白指出，檔案對圖書館及學術研究之用處，在於其屬於原始、第一手資料。接著，他更解釋檔案實際上就是史料一種。中華民族在歷史上，沒有像西方那樣宗教戰爭及國教等情事。然而中國的個人行爲、道德是以歷史爲主，譬如孔子寫春秋等都具有道德上任務。趙先生又說，中國人一向爲重視歷史的民族，以歷史爲指標，故對史料重視異常。因而有連橫先生在「台灣通史序」一文中提到「國可滅而史不可滅」一句話。

馬先生並感慨道，過去一百年來，國家檔案受到政治、軍事、內亂、外患等影響，流失很多。國家檔案丟了，中國近代史則在私人手上。馬先生又補充道，我們必需體認到黨史補充，有時實賴私人檔案的補充。另外，私人檔案重要性另一原因，乃歷來爲人治國家，非法治國家。一些重要事情非經公家文件來決定處理，而是通過私人來決定，故「私人檔案有時比國家檔案還重要。」馬先生舉了一個歷史上例子即如在過去中、日交涉，國家沒有檔案。

而此時，胡光麃先生本著人生不是僅以自己最理想生活爲目標，而以國家、社會益處爲後代留下記錄之理念，不但著書，且願捐出私人檔案予央圖之舉。

胡先生所捐贈手稿及書籍等資料，不但使那些要知道過去來歷與演進、現在所處地位與環境、以及將來發展等研究近代史學者、專家們提供了一份珍貴原始資料，對一般民眾欲了解國家社會由創建而演進到今日整個過程與史實，也貢獻了一些寶貴資訊。

中央圖書館視聽室

話說，自八十年九月十七日，視聽室籌備小組在各組室主管與同仁積極推動以來，歷經四個月餘奔走、協調，中央圖書館視聽室於八十一年二月十二日在全國讀者與民眾注目下揭幕。

那個時候，視聽室基本特色有語言錄音帶，包括諸如蒙古語（由蒙藏委員會提供）、上海語、客家語等方言外，還有英語、泰語、德語、法語、西班牙語、日語等多種外國語言錄音帶。裝設小型衛星碟型接收器，提供讀者衛星節目收視之服務，以及館藏一些由政府機構所錄製之錄影帶。

剛踏進中央圖書館，我也加入此一極具歷史意義籌備行列。更在投身參與所謂「化緣」過程中，深深經歷、體驗到政府機關、民間企業及外國駐華辦事處對中央圖書館熱心襄助。由於經費有限，除採購外，央圖大幅以索贈方式徵集錄影帶、錄音帶等視聽資料。記得曾經分別向政府相關單位徵詢或拜訪，並去函各單位索贈，獲得不少響應。

行政院僑務委員會拔得頭籌贈送本館四十七卷錄影帶、七卷錄音帶之後，陸續收到多達七十幾個單位贈送視聽資料，包括各政府機關、學術團體及外國駐華文化中心等，如中山科學研究院、中央研究院胡適紀念館、中國生產力中心、中國廣播公司、四健會協會、交通部觀光局、行政院文化建設委員會、行政院勞工委員會、美國文化中心、國立自然科學博物館、國立空中大學、經濟部中小企業處、臺北市立交響樂團、臺北市政府新聞處、臺北市證券商業同業公會、臺灣省立美術館、臺灣省政府衛生處、畫灣省菸酒公賣局、臺灣電力公司等，共彙集錄影帶一一八七卷、錄音帶七十九卷、CD十三片、海報三十六張、照片一組、幻燈簡報一張、幻燈片兩套及幻燈片十一張，此項資料是由閱覽組及採訪組同仁所提供。此外尚有多所機構，包括經濟部中央標準局、財團法人中華民國紡織業外銷拓展會、臺灣省新聞處、國家科學委員會等，已函復，且答允在蒐集工作告一段落，或錄製拷貝成新錄影帶後，即可寄贈圖書館。

印象中，親自拜訪台灣大學陳師孟教授外，並於八十年年底，採訪組主動與行政院文化建設委員會聯絡．該會第二處于小姐建議我和圖書室溫先生洽詢。數小時後，溫先生在電話中熱誠、爽快地告知我們可立即前去該室提取已備妥錄影帶、錄音帶及CD片。掛了電話，邀編輯秦先生一起步行至文建會圖書室時，溫先生不但態度和藹親切，而且在談話中更流露出對圖書專業高度涵養。當我們忙著將視聽資料裝箱時，他滿懷歉意地對我們說，因他坐在輪椅上不便幫忙。末了，他更執意送我們至大門外才肯回辦公室。這份熱忱，使我們對溫先生熱心念念不忘。

八十一年一月十三日下午二時，採訪義美食品公司高總經理見面，並向他及該公司方先生請益有關視聽硬體設備廠商名單。席間，高先生以他豐富視聽方面知識提供了以下建議：

「中央圖書館對未來視聽室發展願景，應以蒐集、典藏容易保存及品質較高LD及CDI（Compact Disc Image）所錄製節目內容爲主。因爲，一般影片難保存且易折斷外，錄影帶在多次使用後也較易受損。高先生同時預測，在一九九四年來臨時，影像壓縮技術會更趨成熟。中央圖書館規劃視聽室可考慮使用業已經研製成功，且在年內日本即將推出的產品 DCC（Digital Compact Cassette）。唱片易損易折，相形之下 CD 較好。而且 CD 只需一個 CD 播放器，不需裝設擴音機。並建議可洽詢世界上有名軟體廠商如 Decca、Polydor、CBS/SONY 及英商 EMI。」

他又表示，中央圖書館「可在近期內列出視聽硬體設備需求表一份，以便他個人和其他國內廠商接洽、探詢可否給予央圖最大支援與贊助（即捐贈或半買半送之可能性），以表達另一種回饋社會方式。」

次日，邀請閱覽組主任及相關同仁開列視聽硬體設備需求清單乙份外，並立刻請採訪組同仁傳真該份清單給義美公司高總經理參考。

當時，央圖視聽室、音樂室及美術室所列出視聽設備硬體需求清單，今日看來，益顯科技發展不斷創新和突飛猛進，前後有趣對比：

「高解像度三槍投映機兩部

電動雙層銀幕兩部

綜合放大機（Amplifiers）兩部

揚聲設備（Speaker System）一系統

有線電視全頻道雙語彩色電視機（二十一吋）十臺

多媒體 Multimedia 展示簡報系統

電腦主機（包括主記憶體及輔助記憶體）一部

影色螢幕一部

影像介函卡一組

Level m 鋸射影碟機一臺

光碟存取機一臺

觸摸式螢幕感應設備一套

電腦螢幕液晶投影機一部

彩色影像掃描器一部

鐳射影碟片儲藏櫃兩座

S-VHS 1/2 吋錄放影機十臺

幻燈單片放映機五臺

立體聲歷聲高級耳機二十副

VHS 1/2 吋放影機五臺

鐳射影碟機八部」

另外，大約一星期過後，前往中國電視公司拜訪公關室連主任及該公司研究員郎先生。連主任當場熱忱表示希望本館可再去函中視，他定會與其它有關單位洽商，設法贊助提供本館「大陸尋奇」等節目帶。郎先生得知我們造訪，也特別撥冗且提供一些意見：「位於八德路的新力 SONY 圖書公司有品質不錯 Beta 帶子節目。例如中視往年所製作轟動遠近連續劇「長白山上」全部拷貝，中視已無庫存。又音樂、藝術方面錄影帶可造訪臺北的法國文化中心，他們擁有畢卡索繪畫之特別介紹帶子。」末了，告辭前，郎先生主動簽名贈予一本由正中書局印行，由他所著「電視在革命——明日的電視世界」一書。

加上，期盼加拿大駐華機構支援、捐助本館視聽資料，特於八十一年一月二十一日近午時分，專程走訪加拿大駐臺北貿易辦事處。當天，由副主任博伊德女士（Miss Mary Catherine Boyd）出面洽談。我向加拿大代表說明，央圖當前採訪重點爲社會、自然科學、國際現勢、法律、財經、地圖、音樂、美術等方面資料外，並提及人文學科方面之經典著作，及任何可加強雙方人民了解之書籍資料與視聽資料，這些都是央圖極感需要。中午時分，博伊德副主任執意邀請共進午餐。用餐間，她主動表示要送我一本有關加拿大的書作爲紀念。她同時提及同年三、四月間，加拿大有貴賓訪問團將來臺灣。他們打算贈送一批圖書予中央圖書館，以促進台加文化交流，屆時希望央圖能安排一個贈書儀式。道別之際，特以交換處汪主任代爲準備的紀念禮品——本館製作文鎮乙塊相贈。近兩個半小時交談，深覺加拿大駐台貿易處對東西文化交流之重視。

不斷創新求進，央圖同仁任勞任怨同心協力下，加上國內政府機關、民間企業、外國駐華辦事處或文化中心熱心支持協助，新設視聽室才可能在短短五個月時間內籌劃完成。

雖然，和國內、外某些圖書館相比，中央圖書館視聽室硬、軟體設備和內容都只算粗具規模。但憑藉著本館同仁「上窮碧落下黃泉，千方百計求資料」這股精神，以及過去曾經給予本館大力支援和鼓勵的單位及個人，多承諾將繼續給與國家圖書館贊助與關心。那時，深信央圖視聽室未來在軟、硬體服務品質上，將日益茁壯。

鄭師母和郭師母

採訪主任獨立單間辦公室旁緊鄰，是編目組鄭主任辦公室。作爲鄰居，確實方便交換公務上意見或生活上問候。鄭主任專業經驗豐富不講，幽默感更常引來笑聲不斷。採訪組同仁要影印公文，都會移駕到編目組去借用影印機。雖然這兩個單位在空間使用上看似打成一片，僅各據左右一方，中間並無明顯圍牆間隔開來。但兩個單位互通有無，活像一個大家庭，但是採訪組同仁三不五時去借用影印機打擾比鄰，總覺歉意。直到總務處許主任轉赴經濟部中央標準局服務前，某個上午，前來辦公室找我。他當面推薦一名暑期工讀生給採訪組，我豪爽地回應。好心有好報吧！他轉職臨行前，撥了某項剩餘款經費給我們單位，採訪組於是善用這筆橫財，終於擁有一台影印機了。

春天，印第安那州鄭師母隨夫婿鄭教授，就是早年先後提出兩岸三地「大中華共同市場」構想和倡導「大中華經濟圈」概念知名經濟學家，夫婦倆聯袂來到台灣參訪。爲了尋找資料，經專人引見，鄭師母特地來了一趟中央圖書館編目組參觀。正事辦妥，一本過去對我關懷初衷，她僅試探性隨意向鄭主任打聽：具有圖書館學位的我，是否人會在國內某個角落？未料，「他的辦公室就在我隔壁！」鄭主任快語回覆。

可想見我和師母意外地在圖書館巧遇之驚喜，雙方怎不驚嘆人生何處不相逢？人前，歡樂述說往日恩情，心底也輕翻回憶錄，再一次感受師母一家人對浮雲遊子如我的厚待。當年，除了年節聚餐，每當男女留學生開著一趟四個多小時車程去芝加哥台灣辦事處，借回一些國內電影，校園內來自兩岸三地師生們也都會歡聚在國際學生事物辦公室，觀賞國片。那時期，鄭教授和師母夫婦有空必到之外，師母雙親梁容若夫婦也會隨同，全家出席台灣同學會所舉辦大大小小聯誼活動。

那些年，美國校園，暑期，爲了寫論文，常待在圖書館找資料或寫作。有時難免心情低落，前途未卜，徬徨無助。盛夏，印地安納州黃昏，太陽仍高掛天際。鄭師母剛從大學總圖書館編目組下班，我們巧遇在圖書館前商學院。一如往昔，她誠懇輕聲細語地關心我求學近況。傾聽，時而皺眉同憂、時而點頭表達瞭解。幾次，開口邀請：「怎麼樣？到我們家吃個便飯吧！吃完，我再開車送你回宿舍。」她適時拋出鼓勵，盼我度過低潮。

不少次，可能是節慶，可能是有訪美貴客來到蒙西小城。難忘，數回受邀赴鄭教授家，和其他兩岸留學生或學者一起作客。印象中，於廳堂招呼完訪客，師母和奶奶母女兩人，都會不慌忙走進廚房內預備飯菜點心。奶奶總是把一頭白髮整理地乾淨梳得整齊，衣衫淡雅樸實；說話簡潔輕聲，大多時候都安靜地聆聽旁人交談。爺爺梁容若老先生，出生於清光緒三十年（1904），河北人，年輕時就讀北平師範大學。梁爺爺曾在台北籌辦知名「國語日報」。

一個屬秋午後，坐在他們家書房裡吃甜點、喝咖啡閒聊。欣賞著窗外清明又秋意的庭園與果樹，邊聽著爺爺回憶鄭師母從小到大父女兩人間互動。「梁華讀書從小就用功。應該說是用功過度。常常到了晚上十一、二點燈還亮著，我就會敦促她早點睡，別累壞了身體！」

當時，父女兩人一度都在東海大學，爺爺是中文系主任，鄭師母是外文系學生，全家住在東海校園內教員宿舍區。

　　畢業前，善解人意、心地善良的鄭師母，曾於一個暑假邀我上午去他們家工讀，專爲爺爺整理一些文稿和手抄文字記錄。每一次，手抄工作告一段落，師母堅持留我用完中餐後，才再開車送我回學校宿舍。那段期間，何其有幸，常常進出爺爺奶奶兩位老人家所居住小套房。都是坐在書桌旁，一句句聽記爺爺回憶感思，勤做筆記。慈祥奶奶也會在中場休息時刻，從廚房端來茶水及一些小點心。

　　見到鄭師母，就會想起另外一位亦如大姊般恩待我的郭師母。巧合的是，她們兩人那時都在美國大學校園內任職圖書館員。今日，不但感念擔任郭師母辦公室內助教工作兩年，也常感懷那一段我和郭師母趁工作之餘，閒話家常溫馨時光。

懷想當年

　　今改制爲國家圖書館前身，國立中央圖書館，讀高中時，就常背著書包徜徉在南海路四十三號央圖及其鄰近植物園、藝術館、科學館，其奠基石上題「四十八年八月一日」古色古香老央圖：「小亭、石橋、瓦黃柱紅窗綠、古典婉約的飛簷、迴廊、屋瓦、門鈸和斗拱。」

那個年代，依然記得，起個早，為了在大門口排隊。等待圖書館員把門打開，一群年輕高中學子們衝進館內佔個位子好溫習功課。讀書累了，起身，走進植物園荷花池畔逛逛解悶。

一九八六年教師節當天開幕，同年十月二日正式對外開放服務。這座莊重、氣質典雅淡灰紅色嶄新中央圖書館建築，地上七層地下兩層，佔地約一萬兩千餘坪基地，聳立在中山南路上。新圖書館開張五年過去，何其有幸，我竟然跨進這棟以簡單現代化造型線條、成功地融入中國式對稱的空間內服務。每天愉快地和館內同仁們從事文化典藏工作，並致力於國家書目編製、書目資訊服務與協助研究、加強館藏發展。

青春不再！仍然懷念當年位於政府機關林立都市精華地段，又寬敞舒適明亮央圖上班下班的日子。依稀記得館內木作家具、善本書室、六樓光線充足的天井庭園。還有午休時，常常漫步至中央圖書館對街中正紀念堂、國家劇院和國家音樂廳，讓精緻文化園區洗滌我半天的疲憊。

工程五館五樓

埋首於人文領域中耕耘、教學服務多年。未料，有一天，竟然會在校園內工程五館五樓內辦公室裡，學習教務處業務這項行政職務，直到一年半後，夏天，決定遠赴美國爲止。前塵往事，這一項教書並兼任大學行政工作，實際上，是學成返國後，第二次擔任行政職務。

「教務長辦公室助理打電話來，問你是否願意擔任『邁向頂尖大學計畫』學院學術提升計畫審議委員？」人出現在系辦公室，助理一見到我就劈頭問。

震驚之餘，無法立即回神作回覆，暗驚這等大事怎麼會從天而降？回家路上，仍不敢置信。隔日，詢問一位同事意見，是婉謝還是硬著頭皮？「當然要去！」言下之意，此乃一份榮耀爲校服務難得機會。

不多時，電子信箱裡捎來客家學院、人文社會學院和管理學院分別所撰寫的學術提昇計畫書。教書之餘，抽空拜讀資料。

元旦新年假期過後一月八日星期五下午，趕赴圖書館八樓第三會議室，出席第三組審議會議。現場校內委員除了趙副教務長和我，校外委員包括李壬癸、蕭新煌、楊建成三位教授。恭聽三位院長簡報後，委員們緊接著提問，再閉門相互討論結果並繳交審查表。心情輕鬆地走在圖書館外樟樹道上，想到完成了一件不可能任務，順利交差，身心這才悄然鬆了一口氣。

徐行，再次退避返回山頂洞，過著無爭又自在的日月晨昏！這份榮譽工作僅視為偶起漣漪，不也就被蕩起這麼一陣？瞬間，日子返回到先前波平水靜。

開春，寒假過後師生回到春季校園，教務長辦公室助理詢問，可否代教務長出席校外由教育部召開的大學英語授課議題之會議？

公務車在綜合一館地下室停車場等候，我只需在同一棟大樓六樓研究室出門，乘坐電梯直下地下室，跳上車，直奔台北教育部。

幾週過去，經人徵詢我身兼教務處行政工作之安排？一度被驚嚇到兩天不知所云。直到星期天，人在教堂做禮拜聆聽唱詩班高歌聖詩期間，我起身走出會堂大門。越過走廊，來到狹窄陽台，撥了電話，表明願為教務處服務乃無上榮幸。

投身教務處服務次年，正值交大邁向創校一百一十五年暨在台建校五十三週年。此時此刻，交大教育願景和使命展望，漸走向在基礎建設上推動教學研究相長、校際合作、國際化。

希望培養出跨領域領導人才之優秀學生、尖端研究及應用之教學研究人才，因而躍身爲全球高科技產業研發與創新重鎮。

尤其在教育使命中，前瞻多元之全人教育培育新世代菁英人才這一項，因爲有幸全程參與規劃並討論過，所以至今仍然記憶猶新。那就是極力推動「思源書院——博雅教育」和「領袖人才培育學程——永續發展」兩大教務計畫。

思源書院——博雅教育

出席總務處第三次宿舍管理委員會議，被安排在案由一：教務處提「大學部成立思源書院住宿案」進行討論前，我作「思源書院規劃簡介」口頭報告。

當日，面對當然委員、教師委員、學生委員及列席人員面前，先以投影片說明書院規劃近況。再提到該教務計畫在教育部五年五百億第二期計畫申請過程中，不論是初審還是複審皆已通過，當然包括了思源書院的建構。又說明，日前由副校長所主持「校園住宿需求會議」，亦有討論到思源書院支援性空間建設。會前，教育部五年五百億第二期計畫最終審議，校方獲十億經費補助。校長也在「創校一一五週年暨在台建校五三週年校慶」簡報中，著墨推動博雅教育，提及營造思源書院在研習及生活這兩大空間之規劃。

至於思源書院宗旨，爲博雅教育。其特色在於結合既有優質通識與人文藝術教學，並善用校友力量於住宿生活教育。藉由集中住宿的團體生活起居、學術活動，涵養出價值取向、信仰與規範，以及自我實踐能力。

設立書院目標乃透過住宿學習、圓桌論壇等方式，帶領新生進入多元學習環境。透過傑出校友進駐對話、特色創意課程、書院導航計畫、藝文活動等規劃，引導院生有系統且完整全方位人才發展。邀請退休教授、大師及駐校藝術家，來協助推動住宿生活學習。透過小班制身教與言教，培養學生與學生之間、師生之間、人與群體之間親密互動學習。提升跨領域通識核心之優質人文課程，形塑學生崇高理想、內在價值取向、和參與社會關懷責任角色。建立學院導師與學長姐輔導制度，最終理想爲擴展書院住宿生活教育到全校學生。

書院實施要點，藉由新生體驗營來幫助大學新生及早適應大學環境。住宿學習，培養合群精神及同儕之間相處能力。博雅創新，開設創意實作工坊，透過博士生教學助理帶領，進入多元學習環境。規劃特色課程，盼透過時事議題辯論，培養學生成爲主動參與公共事務未來公民。外語能力課程，由教師主持互動式活動，開啓各類語言學習引導。藝文展演活動外，更透過駐校藝術家分享學習等經驗，營造濃郁人文氣息。

空間需求，規劃有藝文廣場（約可容納五十至一百人）作爲暢談藝術、生活分享、對話、講演等場地。開放式書房，不定期舉辦好書分享活動。竹湖學習中心，則配合書院生需求建構電腦教室、視聽中心、自學中心、小組討論室。交誼廳，爲開放空間，作爲書院生聚餐、課業討論、舉行讀書會之用。

想到思源書院校外勘地之行，都是和中油公司協同商議。第一次，五月下旬，由總務處事先和同樣位於大學路上的中油公司接觸。基本上，校方尋求中油公司在新竹地址雙方合作之可能性。某個下午，總務長領軍，我們隨著國際長、副國際長、保管組長、住宿服務組長、助理們，一行人浩浩蕩蕩，從校區步行至交大校門外不遠處，新竹中油公司廠址。一路上，三三兩兩輕談行進間，返老還童，有種愉快地結伴走向戶外踏青小錯覺。

雙方人員見面，中油公司執行秘書領我們勘察土地共有兩筆，均位於大學路上。第一筆約兩千坪，原土地上有一棟平房，建築物內分隔成二十一間雅房。另有交誼廳、廚房、共用廁所與浴室數間。第二筆約一千六百多坪，較靠近高速公路。

次年二月中旬，加入副總務長、國際長、住宿服務組長及助理等人，去行政大樓前搭公務車，遠赴台北東區中油大樓，爲了參加交大和中油公司共同策劃「思源書院土地規劃利用會議」。會議一開始，由交大副總務長做簡報「中油公司與交通大學學生宿舍開發方案」。兩方就中油公司新竹所有土地現況、交通大學思源書院空間需求規劃、學生宿舍需求構想、學生宿舍需求量推估、學生宿舍現況、新宿舍規劃需求、思源書院具體執行內容等，做議題討論。

會中決議，包括交大副總務長攜回中油在當日會議中所簡報之設計圖，供交大參考。設計圖得和教務處、國際處以及住宿服務組三個單位，就未來分配學生住宿床位之情況，加以討論。中油希望交大下次能明確告知，到底需要多少床位？幾間學生宿舍房間？方便未來硬體建設之規劃。只是「思源書院」公共空間需求如：藝文廣場、開放式書房、竹湖學習中心、交誼廳等，由於成本過高，中油應無法特別設計。因此，建議交大自行負責設計以及承擔經費支出。要不然，就原有宿舍房間加以改裝、裝潢成上述需求空間。

中油副總經理為當日會議主持人，提醒此項合作方案，如果一切順利，也將會是一年半以後。原因之一，為政府相關程序費時。稍後，中油「土地規劃利用小組」執行秘書吳先生，說明本次合作方案在中油流程：土地小組評估→專案小組認可→呈至業務會報→呈董事會（此刻，交大、中油兩單位在租金及報酬率等問題上，理應達成具體協議）→開始編預算→聘專業建築師做細部規劃。

往後，在校園內，我多次和助理同赴副校長辦公室討論並確認「思源書院」未來發展和空間規劃進度。

適巧，二〇一〇年六月二十日南方朔先生爲文「交大接班人的家庭作業：強化教養教育，交大可以更優秀」。作者引用同年「美國外交事務」雙月刊五、六月號，提到美國耶魯大學校長 **Richard C. Levin** 發表專文「頂級學校：亞洲大學的崛起」。文中，耶魯校長強調「教養教育」（**Liberal Arts**）重要性。

南方朔明白點出，「教養教育」在台灣教育體系裏常被忽略。他聲稱「教養教育」有別於通識教育，事實上，他認爲教養教育比通識教育影響學生更大更深。關於這一點，憶起一位教育學者曾表示，大學通識教育和教養博雅教育兩者雖然都不是強調系所專業及實用主義，但是兩者相異之處在於：通識教育爲一種形式，注重知識之學，是「用」；而教養教育或博雅教育爲一種「神」，注重安身立命、修身養性之學，是「體」。不難理解，良好博雅教育，需「形」「神」兩者兼備，需有一套良好通識教育。博雅教育，是培養領袖人才基石。領袖氣質之培養，有賴通識和博雅教育廣度與深度培育。然而，博雅教育中多元課程學習，包含了通識、人文和創新的內涵。

南方朔趁機釐清、辨識早期歐洲中世紀大學和現代大學，兩者在「教養教育」著力點不同之處。前者，著重於文法、倫理、修辭、數學、音樂、天文等具思辨性知識領域。後者，則強調人文、科學、哲學等重要知識基礎，例如「知識經典閱讀」。這些，就是全人（**Universal**

Man）教育之精神。

此刻，追想，未進教務處服務前一年，有次，被電話通知出席「兩岸高等教育之通識教育暨教務工作座談會」旁聽。那是二〇〇八年十二月第一天，台灣冬日氣象，全無寒冷之氣，反倒是鬱鬱蔥蔥晴朗和暖。難得選在新竹交大校園內，舉辦此次兩岸高等教育之通識教育暨教務工作座談會。除了北京大學、上海復旦大學、廈門大學這些遠道而來訪問學者，國內關心通識教育多位主管與教師們亦列席交流，包括清華大學、交通大學、中央大學、亞東技術學院、高雄大學。

我個人較感興趣是，復旦大學的復旦學院。

那天，復旦大學熊思東教授身兼復旦學院院長，在會議中說明了復旦學院成立之理念與實踐。熊院長開宗明義地指出，復旦大學對書院或學院理念，來自於對美國耶魯大學的仿效與參考，也就是耶魯大學多書院（colleges）風格。

熊院長談到復旦學院基本職能爲例，該學院以教學、研究、管理並重。該學院下分四個書院，注重學生住宿（Residential Colleges）教育。復旦校方盡量將書院安置在舊校舍內，以啓發學生們對悠久文化體驗。每位復旦學生在書院中接受洗禮，其意義之一是，藉由老師們投入此大一新鮮人計畫，以發揮身教功能。以每一屆三千多近四千學生來說，復旦校園約有三百位教師投入導師團計畫。他們除了負責學生於課外之餘生活指導，諸如社團參與、學業問題、愛情困擾。

導師團成員組成，大致可分爲下列兩大類。

第一類爲一般成員組成，包括全職者工作，以學生輔導爲主。至於兼職者，是一天二十四小時爲主，以兩年爲限，遴選出條件極優畢業生來擔任。其誘因之一爲，他們未來進入復旦研究所以及爭取獎學金均有加分效果。業餘者也，乃是由學校高薪聘請復旦校園內高年級生擔任助理。

第二類爲教師成員組成，五十位導師當中，力邀五十歲左右專任副教授、教授爲主。根據熊院長觀察，那是因爲他們人生經驗對大一新生而言，迎刃有餘。復旦校園內要升等教師們，必須要有擔任導師一年經驗。加上，校方一年起碼有一回特聘校內、外名人大師名流來校，參與學生面對面在大禮堂舉辦座談或講座。

復旦學院讓我想到分別在一九九五、一九九六、一九九八、二〇〇二年，四度領隊交大學生遠赴美國西岸著名學府史丹佛大學（Stanford University），輔導學生修習「美國語言與文化」暑期課程之經歷。當時史丹佛大學接待單位，熱心地將他們residential education（學生住宿教育）之理念與現況，介紹給來自台灣、日本亞洲師生們。享受幾度加州夏季陽光，體驗到史丹佛大學學生住宿教育是課堂教育之延伸，其任務想必無非是：

「提供住在每一棟宿舍裡學生們，一個全人教育的機會。

將學生放置在一個多元學術環境小社會裡，學習如何與來自不同背景其他學生，彼此能夠和樂、合群地相處在一起之能力。

鼓勵學生們彼此互動，進而對不同遠景與文化，能有更深入瞭解、包容與欣賞。

藉由活動舉辦與不同體驗，增進生活教育與學院高等教育之整合，兩者實爲不可或缺，且互補互利。

儲備學生領導統御、智力發展、公民養成、社會實踐與服務的人生觀。

發展出健全成熟的個人與社會生命成長。

設計出多樣活動安排、社會服務、大學新生諮詢服務、個別諮商、電腦使用等規劃，盡可能來協助學生們在學術環境中所面臨種種問題。」

除此之外，就我個人經歷與觀察，其實，不論是投身於住宿教育計畫中閱歷資深導師或年輕助教，他們必須具備兩種條件，此計畫在大學校園中之推行方能圓滿且更具成效：一是熱情，一是耐心與毅力。

領袖人才培育學程——永續發展

前腳踏進教務處服務，即耳聞「領袖人才學程」，已爲本校重要教務發展項目之一。交通大學在發展國際一流大學及頂尖研究中心第二期覆審計畫書中，明述以全人教育培育未來領袖。交大基於社會責任回應產業所需人才之培育需求，持續強化教學及研究效能，進而培育跨領域優質人才。除了成立「思源書院」，推動博雅教育，並規劃「領袖人才培育學程」，著重文化薰陶、人格培養及社會關懷素養，打造出全人教育環境，培養國家所需之菁英。

此學程宗旨爲設計多元議題、鼓勵學生思考、保持樂觀態度、配合改革與創新理念，陶治學生成爲未來社會各方意見領袖。另一方面，培養學生與他人既競爭又合作，形成一種良性循環的社會品質，維持高度競爭力。

創造力培養，在於厚實科學基礎及自主學習能力。藉由問題導向學習（problem-based learning）以培育學生尋找問題、解決問題能力，利用小班教學或一對一輔導機制

領導力培養，則藉由導師制度、學生會及社團、學生自治活動及校務參與治理、校際及國際活動等籌劃，儘量來培養學生溝通協調能力、團隊合作精神、尊重異己態度、寬闊視野

及格局跨領域能力培養，希藉由跨院系、跨校、跨國際學程來培養學生在專業領域外第二、三項專長。

概括言之，「領袖人才培育學程」所需五大核心能力，分別爲領導統御與達成團隊目標的能力、想像力與創造力、社會與時事關懷和倫理素養、寫作與溝通技巧、多元思考與思辨能力。

考慮將「辯論」列爲一門課程，一個學期選定一至兩個議題做深入探討。同時，「辯論」與「課外探索」亦可納入課程，或作爲課後評量方式之一。服務學習中心提供「國際志工理論與實踐」課程，亦可參考。

對今日大學生而言，國際志工真義，乃是培養年輕人領導力以及國際觀，期待能培育出未來領導人才。

去年，三月二十五日，受國際經濟商管學生會（AIESEC）交大分會邀請，擔任「海外成長計畫」國際志工資格審核面試官一職。協助評估學生是否有正確心態及足夠能力，遠赴國外參與短期志工研習？

很榮幸，接下一九四八年由歐洲學生爲重整家園而發起全球最大學生組織所委派一項評審任務。事實上，目前在全世界一一七個國家擁有八萬多名會員，「每年釋出近萬個商管、教育與科技類型的海外實習機會，爲全球十八至三十一歲青年提供實習機會。」基於國際交流理念，台灣分會於一九六四年成立，「近年來，已成爲學子們爭取海外實習重要管道。」此次，由台灣總會邀集業界、學者與歸國實習生組成委員會，「審核申請者履歷，接著以全英文面試學生的外語能力。」

面試當天，主要分成兩個部分。第一個部分是團體面試，由籌備委員會提出一些議題，讓研習生分組討論後並上台作簡報。這時，面試官評估各組是否具備團隊合作，以及與別人溝通能力。

第二個部分則是個人面試。過程中，看了一下學生資料，得知年齡最長爲二十九歲，就讀電子物理碩士班。年紀較輕有剛唸大一、大二的交大和中央大學青年男女。每位前來報名動機，可謂琳瑯滿目。例如旁人推薦外，還包括藉機改變自己、獨自出國訓練獨立、追求夢想、介紹台灣原住民文化、開放胸懷、勇敢去接受挑戰、加強表達和溝通能力，增強自信心、從事有意義活動、嘗試去學習不同文化和幫助他人、在困境中如何成長、培養地球村世界公民的氣質與眼界、發揮創意、走出台灣擁抱世界、看清自我價值、學習如何照顧自身及如何與他人互助合作、欲擴展不輕易放棄之精神、加強領導能力等。

主辦單位提醒我們，一對一地面對青年人之際，我們得探知他們是否具備文化適應力（能融入當地生活圈，面對文化衝擊時能處之泰然，即異文化接受度）？抗壓性（有能力克服生活上及工作上所面臨困難、挫折與壓力）？危機處理能力（發生天災人禍等意外事件時，如地震、火災、搶劫、或狀況變故時處理能力及方式）？工作能力（能確保勝任研習工作）？國際觀（具備國際視野與海外實習的心胸）？個人特質（性格、適應度、認知及成熟度）爲何？最後，口試學生參與計畫動機？對海外成長計畫瞭解程度和期望爲何？

回顧，二〇一一年，春季，邁向頂尖大學計畫第二期登場，亦正是交通大學全人教育深耕發展、啓航之際。「思源書院——博雅教育」和「領袖人才培育學程——永續發展」兩大教育願景啓動，無非是引導交大學生在生活學習上，能活出自我，群己平衡，進而探討生命意義。更經由多元生命體驗，發揮課程所學，不但服務利他，同時，裝備自己與未來世界聯結的能力與胸襟！

大陸學生在交大

早春，黃昏。悠閒地走在交清小徑上返家。適時，迎面而來一群快樂交談男女青年，漸行漸近。走近，聽到口音，馬上知曉他們是一群離鄉背景正在台灣求學的大陸年輕朋友們。擦身而過莘莘學子，自然地想起自己班上兩位同樣來自北京大學的程浩和龍雨林。

一、

期末，程浩在作業報告裡提到，選「莎士比亞」這門課以前，從未有演戲經驗。一直以來，極易害羞，連在公共場合講些話都會緊張，更別說是演戲了。

程浩還記得，當被要求選擇以戲劇表演作爲期末報告的學生們，大約在第四週，得表演「仲夏夜之夢」第一幕第一景當中一小段暖身，藉此壯膽一下並熟悉當眾表演真實感受。彼時，他站在講台上，台詞忘了一半又汗流浹背。起先，會選擇戲劇當作期末報告，因爲想要挑戰自己，同時藉機和台灣同學有個互動機會。

一開始，不太指望這份期末作業有什麼多好表現，那是由於戲劇表演小組內六位學生，沒有一個人有演戲、攝影、或編寫劇本經驗。一言以蔽之，「我們是一群業餘中業餘，素人學生演員」，故不樂觀且倍感壓力。

課外第一次集會，六人小組決定每人分頭去寫被分配到部分。約好兩個星期後，把所有寫好劇本集湊在一起。結果一看，整齣劇看似奇怪不合，因爲每個人語氣風格不同，劇中人物好像呈現性格分裂有趣現象。由於時間緊湊，不容許大家再去琢磨編劇內容，因此主張立即拍攝，並在過程中再修訂。討論當中，程浩擔憂製作進度，但是台灣女同學們看似快樂又樂觀。常常在小組討論到一半，她們悠哉地講笑話、聊天。當場，深深感受到台灣學生和從中國大陸來的學生，兩者態度是如此截然不同。對來自北大程浩而言，這一次戲劇表演是作業，滿腦子盡是要做到盡善盡美。然而，對台灣學生來說，這次表演作業是享受、好玩。他想起就在不久前，自己還在北大讀書學習。在那兒，大部分學生身在激烈競爭下，無不在課業上卯足全力，一科一科進度被逼得幾乎透不過氣來。在北大，上課學習是壓力不是樂趣。憑良心講，雖然還蠻羨慕台灣學生學習態度，但不免仍舊擔憂「莎士比亞」這份創意作業可否如期順利完成？

回憶，當開始實際拍攝階段，這卻是最有趣不過了。學生們笑個不停，例如有人帶著怪異笑意講著原本應該悲傷台詞。忘詞。或找不到適當道具時，隨手一抓替代物，反而帶來一種意外有趣效果。愈來愈發現，台灣學生的優點和創意天分、善於規劃與執行力。不但做事有效率，而且還很容易相處共事。「我必須說，從她們身上我學習了不少。」結果攝製過程十分順利。

最後，當程浩坐在教室內和班上其他同學，第一次，一起觀賞創意作業成品，竟然是超出想像的好。台灣同學努力不懈地從事後製工作，竟能打造出這麼動人作品。

「莎士比亞」課程，程浩說，是「我在台灣選課中，最難忘的一門。不僅從喜劇『仲夏夜之夢』和作業夥伴們身上學習到不少東西，而且從莎翁文學中戲劇台詞得到不少滋養，伴我度過艱難時刻。莎士比亞，讓我更了解到『愛』。」

二、

龍雨林，是一位「文學經典：美國文學」課堂上女學生。每次上課，總選坐在第一排正中央位置，認真聽講和專心寫作業的學習態度。期末，她跑來，滿腔熱情地跟我大談未來想去美國攻讀戲劇。不僅學術嚴謹紮實訓練，「音量、肢體語言既豐富且層次分明。琢磨一番，相信在舞台表演實際經歷上，也是一位不可多得全方位藝術人才。這些印象，來自於你上台分享讀書報告的神采。」我鼓勵著。

至今，仍記得她博覽群書後上台報告，在全班同學面前侃侃而談：美國詩人愛倫•金斯伯格（Allen Ginsbertg, 1926-1997）源於惠特曼傳承及其現代意義。從美國文學發展和社會文化變遷歷程來看，她認爲金斯伯格不僅是那個焦慮年代裡反叛詩人，同時也繼承了西方現代詩歌中傳統因素，是兩者的結合。而我有興趣角度，希望從學生讀書報告中，一窺從對岸來的雨林同學如何閱讀金斯伯格作品中所觸及政治信仰、青年人內心焦慮、宗教意識、自我批判意識，自我和世界觀。

雨林起個頭：「金斯伯格的詩歌反映了美國『垮掉的一代（The Beat Generation）』身心焦慮和文化反叛，更顯示了美國詩歌中激揚蹈厲詩風之延續。」她接著又說：「在藝術創新和文化批判，金斯伯格都是一座承先啓後重要橋樑。」

我問：「承先這部分，妳認爲影響和引導金斯伯格是誰？」

——早期，可說是奉行創作堅持美國本色的威廉斯（Wiliam Carlos Williams, 1883-1963）信念。那就是堅信詩歌對事務描寫應該是直接、具體（things），而非抽象、空洞的（ideas）。反對使用象徵、比喻等修辭手法和韻律，只用報紙般語言直接而清晰地說話。「磚匠的午餐時間（The Bricklayer's Lunch Hour）」爲代表作。

又問：「威廉斯對金斯伯格詩歌意識形態，起了奠基作用，但爲何未持續下去？」

——因爲他們畢竟分屬不同時代，因此有不同背景和立場，對事務認知和社會視角，尤其是對生活態度截然不同。威廉斯詩作雖然充分表達出觀念和創造美感，但是，純然自然白描，總是缺少了節奏感和情感張力。所以，個人強烈感情較難呈現出來。

再問：「美國四〇年代和五〇年代當時背景，可再解說一二？」

——金斯伯格代表美國「垮掉的一代」，他們歷經了四〇至五〇年代物質上升，但精神相對壓抑的美國。同時，冷戰拉開序幕，美國政府一方面對外擴張，一方面宣傳共產主義威脅論。此時，保守勢力佔上風，因此，不同觀點跟思想，尤其是左傾觀點思想，受到排斥。這種文化政治空氣，部分侷限了年輕人思想自由，也提供了保守、冷漠、平庸無知等生活模式。「垮掉的一代」，於是走向極端像抽菸、醉酒、濫性和吸毒等生活模式，來對抗社會環境束縛。換句話說，時代演變到迫切地需要一個新興、更有力量的詩歌語言，來表達絕望而躁動的青年人內心世界。

追問：「言下之意，詩人金斯伯格要進入一個需要新語言，來訴說自己眼光時期？此刻，對他產生影響的引路人又會是誰？」

——的確，金斯伯格進入了創作生涯中期，影響他的詩人是，作品中曾表達了強烈民主精神的惠特曼（Walt Whitman, 1819-1892）。金斯伯格作品之一「嚎（Howl）」，給人印象是「惠特曼沒有死」。敞開自我內心訴求，喚醒自我意識，肯定自我價值，不受格律限制的自由詩體（free verse）創新。兩人在追求自我、歌頌自我，從自我心靈感受出發的狂傲和放縱，抒發個人感情上類同，顯示金斯伯格和惠特曼之間傳承和默契。金斯伯格表達了對惠特曼一種特殊感情，出現在短詩「加利福尼亞超級市場」中一句：「我們要去哪裡，惠特曼先生？超市一小時後就要關門了。」由此，可看出十九世紀惠特曼精神，在二十世紀新時代裡繼續被探索、開拓創新。金斯伯格詩歌中張揚個性、坦露自我，和文體自由、善用排列技法和蘊含時代精神特色，在惠特曼作品「草葉集」中遇見對應。

隨問：「作品『嚎』屬成功歡慶囉？」

——應該是真實地表現一代美國青年失敗的嚎叫。創作形式，具有口語化、反傳統詩節規律、大眾普世化。

繼續問：「想起來，妳剛才提到時代精神。如果要問，他們兩位詩人時代風氣氛圍爲何？主觀上，妳個人如何比較兩者詩作內涵？」

——十九世紀惠特曼，代表了美國社會蒸蒸日上之際，重視自我、飛揚個性、樂觀進取一種時代風氣。在「自我之歌（Song of Myself）」詩作，讀者可以感受到詩人表達出強烈自信和對生活中希望。然而，金斯伯格則表現出美國社會轉型時期，年輕一代身心焦慮和思想反叛。如在「美國」這一篇詩作中，直接痛罵：「我不能忍受！美國，我們什麼時候才會停止人類間戰爭？用原子彈和自己做愛吧！」在這種情感宣洩中，比起惠特曼強烈自我意識，金斯伯格多了一份對社會批判精神。這使得金斯伯格詩作，比惠特曼詩涵略帶不同意義。

同時，相較於惠特曼對自我心理圖像的細緻梳理，金斯伯格詩歌中對人物心理縱慾和生理騷動描述，更直接。他還常把靈魂中宗教意識、自我批判意識和真我慾望騷動，均以激烈詩歌語言表達出來。其中，又強烈地陳明對社會人生逆向思考。這點，可能是惠特曼「自我探尋」所未觸及領域？從這層意義上而言，金斯伯格將惠特曼在當時已達極致之自我意識和激揚詩風，進一步拓展。也就是這種強化自我意識和激揚詩風，使得丁•法瑞爾在評論「Beat」詩歌時指出：金斯伯格把惠特曼野性呼喚，轉化成了自己瘋狂悲鳴……垮掉派，比二十世紀五〇年代任何群體，更能陳述美國生活中文化矛盾。由此可見，金斯伯格在惠特曼基礎上，對美國詩歌卻有另一番貢獻，絕非僅作爲惠特曼影印機而已。

疑問：「之前，提到金斯伯格創作中期。想必也意味著，中期之後，他會發展到晚期，這部分，有何觀察？」

——進入七〇年代，金斯伯格創作晚期，簡而言之，就是返璞歸真吧！此時，「思想在呼吸（Mind Breathe: Poems 1972-1977）」出版了。原本讀者已習慣他反叛筆觸，結果這篇作品像是回到短小簡約早期作品。看透滄桑變化，歷經世事磨洗，胸中有了清晰定位和追求。金斯伯格自己說過：隨著時代漸成熟，他也成熟了，再也沒有了過去的熱情。想必這是他後期風格真相。他的詩歌屬於五〇年代到六〇年代初期，研究一個時代文獻，記錄了那個時代裡人和事。反叛精神在新時代，不再那麼吸引讀者了。當然，詩人身爲時代觀察者和記錄者，此時，需要一種新語言形式來抒發新情感。這時期，佛教（主要是禪）所強調無我樂受、事物無所謂好壞等主張，恰與他「垮掉的一代」生活態度和藝術美學相映。

金斯伯格曾說：我寫詩，因爲莊子不知道自己是蝴蝶還是人，因爲老子說過水往山下流。這時期，他不但接受佛教觀念上教化，還長期實踐佛教「默思」。按照觀念即形式這原則，默思是創作活動一部份。由此逐漸放下理性和想像，而進入「空」，由「空」而到細緻具體。詩人此刻簡單樸素，乃源於歷經滄桑之後坦然淡定，與最初刻意模仿而來的簡潔，是不可同日而語。

想問：「金斯伯格文學定位如何？」

——他作爲「垮掉的一代」代表詩人身分，都會被歷史銘記。除了一九七四年因「美國的崩潰」獲美國圖書獎外，「嚎」和「加利福尼亞的超級市場」作品被選入「諾頓美國文學選集」。這些都證明了金斯伯格詩歌，尤其在五、六〇年代探索詩歌話語，所表現出美學思想，已經被肯定，且成爲美國文學傳統一部份。

好奇地問：「身處二十一世紀，如何看待現代世界和現代人？」

——現代社會，物質文明高度發展，科技進程一日千里。現代社會是人類奇蹟。人類用智慧和雙手創造了摩天大樓，創造了太空船，創造了景觀都市。人們驕傲於這一切，滿意於這一切，沉迷於這一切。

現代世界，各國強弱不一。但是迫於發展壓力，對物質追求和對精神忽略，比起當年美國有過之而無不及。生活壓力造成人情冷漠，人們沒有時間料理自己人際關係和感情。鄰居之間不相往來，同事之間錙銖必較，甚至連家人也沒有溝通機會。

現代人們不再重視情感，因爲都市熙攘擁擠，只要背上情感包袱就難有容身之地。流光溢彩霓虹城市，似乎許諾人們職位、機遇、權力這些誘人的美，卻是沒有目標的美。偌大城市幾乎什麼都有，唯獨沒有盡頭。

一聽，插問：「盡頭？難道沒有遠方？」

——人們以爲「生活在遠方」，是藉著對遠方百般想像，去超越對現實不滿。殊不知，遠方只是以假象而存在，不可能到達。因爲即使到達，遠方就不再是遠方，而成爲了當下。人們爲了未來幸福而追逐遠方，卻又在追逐過程中消耗永不歸來的時光。遠方沒有盡頭——這造就了人類沒有盡頭種種慾望。人們發瘋地追趕著，爲了一個不存在虛擬終點。人們以爲精神和靈魂隨侍左右，唾手可得，待安抵遠方再去重視也不遲。未料，這一耽擱，常常就是一輩子。恍悟，這和金斯伯格筆下二次世界大戰後快速發展的美國，多麼相似！

最後問：「金斯伯格作品值得現代人去讀嗎？爲什麼？」

——現代人應該再讀金斯伯格。那裡面充斥不再只是暴力，而是對時代有所反擊；不再只是頹廢，而是對社會抗議；不再只是毒品，而是對精神某種呼喚；不再只是赤裸裸的性，而是對慾望駁批！現代人不妨接受金斯伯格文字重擊，領悟其頹廢和反叛，學著像他一樣關注自我，重視感情，熱愛世界！

近學期末，教務處要出版傑出教學教師之專書，撰稿記者抽空採訪了龍雨林：

「我認為首先讓自己感動才能感動別人，這是沈老師影響我最深的，在他的帶領之下，我也對文學感到好陶醉。」以北京大學交換學生身分來交大上課的龍雨林笑著說。

她說，「雖然自己是主修財經領域，但是由於母親是語言老師的關係，因此他對文字也很有興趣以及感情。在課堂上，沈老師既能生動活潑、切合主題，又能把他自己對於文學的熱情與感動傳達給學生」，這讓龍雨林覺得沈老師真的是很難能可貴的老師。

「我很喜歡老師上課時會寫板書，因為文字是有溫度的，老師用這種方式把知識傳承給學生的感覺很好。」龍雨林補充。

「即使過了很久，老師還是會關心學生生活上曾經發生的問題是否解決？我真的打從心裡非常感動。」這讓龍雨林覺得這段交換學生的經驗真的很溫馨。

三、

十月，行政院謝前院長、前民進黨主席二度登陸，臨行前表示，距他上次到中國大陸已隔十九年，中國大陸已改變很多，硬體建設成長不少。他認爲台灣有自由、民主，中國大陸也對經濟有信心；而當兩邊都有自信時，時間、空間就能打開，兩邊有更大空間分享彼此經驗。

浮雲遊子，交大校園內許多師長年輕時想必亦有類似成長經驗，不是嗎？早年，島嶼上一群群浪跡天涯海外學人，爲了理想與抱負而勤學不輟。

眼前，不僅是陸生，就連自己課堂上外籍生或僑生，有時候看著他們，都不免勾起自己在海外求學記憶，而感同深受。泛起同理心和憐惜。今日，在地生也好，非在地生也罷，其實，每一位都冀望在竹湖畔交大校園裏尋覓一種細緻的歸屬感。他日，學生們離開校園後，來日，都是新竹交大未來重要資產。

算是巧合，沒幾天工夫，三月四日星期五，教學發展中心收到教務長轉來訊息，教務長指示本中心籌劃辦理大陸學生座談會。事不宜遲，立即找來助理詢問討論及規畫座談會相關細節。交大五十七位大陸學生分別來自於十二所不同大學：西南交大、西安交大、電子科技大學、蘭州大學、大連理工大學、北京大學、廈門大學、中山大學、浙江大學、上海交大、清華大學、南京大學等。

基於陸生需求，教務處終於安排於三月二十四日，假浩然圖書館八樓行政區第一會議室舉行了一場「陸生學習座談會」。會前，助理幫忙設計邀請函、統計與會學生確實人數、蒐集陸生在校所遇到問題或困難的問卷。當學生問卷寄回教學發展中心，依性質屬性，我們邀請校內相關單位以文字作答寄回。本中心再彙整所有回收問與答部分後，助理印製一份清晰完整資料，於會議當天分發給與會學生，供參考之用。

由於教務長其他公務在身，因此，當天座談會由我代教務長主持。會前，好奇地先瀏覽陸生所提疑問和交大相關單位所交回的答覆，以便主持會議時能更進入狀況：

「有一些大陸原學校課程計畫內的課，在交大沒有相匹配的課程可選，該怎麼辦？」

——課務組建議，請陸生依自己原學校的學院系所，找出在交大應可對應或相近學院系所後，再至交大課務組網頁，查詢對應或相近學院系所課程時間表（http://cos.adm.nctu.edu.tw/Course/History/index.asp）。交大老師課程綱要都已上網。在網上課程時間表內，大部分課程只要點選進去，就可以看到課程綱要。課程綱要說明該課程之先修科目或先備能力、課程概述與目標、教學要點概述、課程進度、內容、主題等。這可做爲選課參考。同學應可選到對應或相近課程。

「學生證發下來太晚，想借的課本已經被借走了。」

——註冊組說明，這學期陸生交換學生證資料部份，國際處於二月二十二日交給註冊組，做學籍資料建檔及相片掃瞄建檔。資訊中心二月二十五日收到學生及相片資料，由於二月底有三天連假，三月二日才製卡完成，送國際處發給陸生。雖然開學初業務繁忙，但註冊組、資訊中心均在收到資料後，以最短時間建檔及製卡。

「我們在交大的學習成績和原學校是如何轉換的？」又

「體育課爲零學分，不知道在學期末辦理學分認定和轉換的時候如何處理？」

——註冊組回覆，陸生於交大修課之成績，將於學期結束時由註冊組提供中文成績單予國際處後，再由國際處統一處理寄發。至於陸生於交大修課成績轉換，應由陸生原就讀學校相關單位辦理。

「交大教授在成績判定的尺度如何？」

——註冊組表示，交大教授在各課程成績及格部分平均分數，大學部課程以七十八分加減三分爲原則。研究所課程以八十五分加減三分爲原則。而採「通過」、「不通過」評分之課程成績不受此限。

「d2mail 和 g2mail 的使用權利及義務尚不十分明確。」

——資訊中心說，d2 信箱主要是學校提供給在學學生使用電子郵件 E-mail 系統，凡是交通大學在學生都可以申請。主要提供 2GB 信箱大小之外，亦可利用 d2 權限去下載校園授權軟體、登入無線網路等等相關服務。

g2 信箱乃提供校友使用，跟 d2 比較不一樣。只要是註冊組認定有學籍，學生都可以申請使用，即使已經畢業都可以回來申請使用。至於權利義務部分，將比照 d2 部分。但是只要被檢舉、或是被 Gmail 本身舉報違法使用，資訊中心就有權限把帳號停掉。使用服務這部分，它陸續提供 Google、Apps 等相關服務。登入 g2 帳號下方就有連結，可以去看一下 Google 權利義務。

「我想問一下 g2、mail 帳號能不能使用一些像是 d2 一些權利，比如說像我們離開學校之後也可以用 g2、mail 來使用學校的一些資源或者是其他一些東西？」

——資訊中心解釋，目前還沒有整合到 g2。因爲這個帳號是 Gmail 帳號，所有資料庫都在 Google 上面，其實不在我們學校。比如說你密碼在 iGoogle 或是在 Gmail 裏面修改之後，只有 Google 那邊有，學校無從得知修改後密碼。所以必須要經過 Google 來作認證，目前還沒有這個部分服務。

「g2 可以永久保留，那 d2 是不是可以永久保留？」

——資訊中心說明，d2 帳號是可以永久保留。只是學校受限於經費，所以無法永久保留信件。我們只提供轉寄，原帳號還是可以繼續使用，只是會幫你轉寄到指定 E-mail 地址。

「不知道在一個學期的學程內，在實驗室跟導師或學長姐做專案可行性大小，會否因爲停留期限較短（只有一學期）而不能做項目？」

「交換生是否可以進入老師實驗室？」

「課堂上老師使用的數學符號與大陸課堂上的符號不一樣？」

——國際處回答，這部分要詢問指導教授、導師或是系所主任。

「圖書館借書手續設置稍顯繁瑣，借書需要五千元押金或者導師作爲擔保人。因爲我們有遇到導師不願承擔擔保的情況，所以在借書上遇到一些困擾。我以爲，是否可提供更簡便的解決方式？」

——國際處說明，經過圖書館多方到各個處室單位，經一再溝通協調之後，現在大家都可以用學生證去借書了。你們應該是第一屆，現在是試行第一個學期，希望你們在六月離校之前，把所借書籍歸還。

看完紙本問與答，粗略瞭解到陸生在交大求學期間所面臨或關心哪些問題。

此外，三月二十四日當天會場上，不少陸生也當場詢問了下列十個問題。國際處、課務組、綜合組、註冊組、資訊中心亦針對學生提問，就相關業務範圍，現場分別回答如下：

「我現在是博士研究交換生。院級交換生的區別，是不是交大院系和我在北京清華的院系有協議之後，我的住宿費或是我上課的學分費可以免除？現在我是選讀生，上課的學分費好像是要繳的。」

「校級交換生外，還有學院自己辦理院級交換生進來，規定是都不一樣的？」

——國際處解釋，大陸來交大的校級交換生，如果兩校互相簽約，註明交換學生都免住宿免學費，那就免住宿費、免學費。有的學校過來，還是得繳住宿費。至於院級交換生，都需要繳學費跟註冊費。

「我有聽上一屆交換生說，在學期末的時候我們有權利可以選退一些課，假如我感覺這門課我不能應付，我可以去退。有沒有相關具體規定，或者我退了這門課的話，成績應該怎麼去設定？這是第一個問題；第二個問題就是，我想問一下，就是我是碩士班學生。如果將來，我想申請交大研究所，拿到學位的話，那我這學期所修的學分是否可以抵免未來我修這個學位的學分？另外，老師方便的話也可以介紹一下，我們陸生來台讀碩士班和博士班，我們交大相關規定和相關政策？」

——課務組表示，學生停修的規定，因爲現在是第二學期，同學從現在開始到五月三十一日以前，都可以提出申請，這個叫「停修課程」。停修課程申請單，可以在課務組網頁上面下載。必須經過任課老師、導師、系所主管同意，都簽完名，核可之後，再送來課務組辦理。任課老師跟各系所，可以從嚴設定自己停修的條件。不過大部分應該都是可行，這個停修課程，它在該學期成績單上面，成績欄會註記 W，就是 withdraw 註記。一個學期以一門課爲限，且不會計入當學期學分。學分計算方面，停修之後，當學期最低選修學分數規定如下，比如說大一到大三得修滿十五學分，大四則是九學分。

——綜合組說明，未來交大招收陸生政策和規劃，如果按照台灣招收大陸學生目前方式，是透過一個統一作業窗口。未來如果大家有興趣要到台灣來唸碩、博士班，必須到統一窗口去報名。現在交大規劃一百學年度會收二十七個碩士生，七個博士生。各位可以到交通大學首頁，左邊有一個招生資訊。點進去之後，尋找大陸學生，上面你可以找到交大一〇〇學年度有哪些系所招生一些資料。那兒，也有存留大陸統一窗口網頁。所有正式消息會透過這個網頁去做公告，你們可以密切注意。整個申請作業方式是採審查，就是大陸地區學生寄一些交大系所要求的資料過來後，由系所做審查。一般而言，如果是碩士班，則需大學成績單、讀書計畫、自傳、研究報告等。另外，大陸這麼多高校，目前台灣所招收學生，以九八五工程學校爲主要招收對象。

「我想問一下成績單是什麼時候開始寄，什麼時候能到？」

——註冊組回覆，成績單大概是在離校之後一個半月，寄到港澳台辦事處，再由港澳台辦事處轉發給你們。

「陸生在交大的學生證於製作的時候，它的背面是寫**adult**，也就是成人的卡。有沒有學生的卡，就是在下一屆的時候可換成學生卡？」

——註冊組說明，交大學生證是結合悠遊卡，可以坐公車。可是這個學生身分的認定，要依據悠遊卡公司規定，即要有學籍。就是具有學籍本地生，才有學生優待，其他卡就沒有了。

「學生卡悠遊卡合成的那證件，談到了那個學籍的事，但是我確實見到了清大的陸生，他們的卡確實是學生卡，她坐公車刷卡的時候，那聲音確實會顯示學生卡。至於我們（交大陸生）去刷卡就沒有任何聲音，我確實很好奇這個區別是怎麼區分的？」

——註冊組回應，交換學生過來這邊，是不是可以享有學生優待？這個我們還得去確認一下悠遊卡公司的政策，不是我們片面就可以決定！

「第二階段選課的時候，它的考試時間沒有寫出來，因爲我們大陸那邊，你選課的時候，它會告訴你考試時間衝突。我想請問一下這邊選的課程數比較多，它是每堂課的最後一次上課考試嗎？如果到時候考試時間衝突怎麼辦？」

——註冊組解釋，交大考試時間是老師隨堂考，所以不是採取統一集中考試方式。

「我問一下成績單上會寫些什麼內容？」

——註冊組答，課程、學分、成績。

「您好，據我瞭解說有一些學校他們是有學生團體，專門招待大陸學生的，所以我想問一下，交通大學有沒有這樣的傾向，組織類似的學生團體去招待大陸學生？」

——國際處回覆，據我所知目前是沒有。但是前兩天，已經安排我們國際處的學生大使，跟你們組長已經舉辦座談會。座談內容，我們會等會議記錄彙整完，再發給同學。正式接待團體是沒有！因爲我們語言相同，所以就沒有組織這樣團體，謝謝。

「您好我是土木的學生，我們學院在工二館，工二館一樓有一個圖書休息室，我那卡刷不進去！不知道相關手續在哪裡辦理！是學院嗎？還是國際處就可以辦？」

——資訊中心說明，資訊中心有提供一部分資料給各門禁管理系統。門禁部分，各館舍有權去限制、管理可以進來的人。你可能要去找館舍管理員確認一下，看他有沒有把交換生資格權限帶進來？如果他有帶進來，那麼基本上應該可以進去。只要你別處可以進去，就代表門禁系統資料是有的。至於館舍爲什麼進不去，那是因爲館舍管理員必須要先把你們的權限設進去，你們才能進入那個館舍。

在上述陸生提問中，其中有一點「……我們陸生來台讀碩士班和博士班，交大的相關規定和相關的政策……」，事實上，想起，日前，出席在台北舉行「第一屆陸生招生業務之啓動」會議爲例，說明相關重要資訊：

教育部採認大陸四十一所大學，分別爲北京大學、清華大學、南開大學、天津大學、東北大學、吉林大學、復旦大學、同濟大學、南京大學、東南大學、浙江大學、廈門大學、山東大學、武漢大學、湖南大學、中南大學、中山大學、四川大學、重慶大學、蘭州大學、中國人民大學、北京理工大學、中國農業大學、北京師範大學、中央民族大學、大連理工大學、上海交通大學、華東師範大學、中國海洋大學、華中科技大學、華南理工大學、電子科技大學、西安交通大學、西北工業大學、北京體育大學、中央音樂學院、中央美術學院、哈爾濱工業大學、北京航空航天大學、中國科學技術大學、西北農林科技大學。

大陸六省市（北京、上海、浙江、江蘇、福建、廣東）的學生可申請來台就學。至於國內一百三十四所大學院校，共招收陸生兩千一百四十一人。台灣的國立大學限招碩、博生，而交大今年招生名額爲碩士生七位，博士生二十七位。陸生志願填寫，每位可申請五個志願，碩博士生，每所學校只能申請一個志願；大學部，一校可填多個志願。

難忘三月二十四日那一場座談會現場，出席的行政單位主管或相關業務同仁相當熱心投入，包括教務處內註冊組、綜合組、課務組、數位內容製作中心、教學發展中心、推廣教育中心相關人員外，還包括了國際處和資訊中心。會中，陸生共有四十四位同學出席並踴躍發言，表達他們在學習上、生活上所關心的事項（諸如選課、學生證、成績換算、實驗室、數學符號不一樣、借書手續、繳費、退選（withdraw）、學分抵扣、成績單、考試時間、學生接待團體、刷卡進入館舍等）。

四、

待座談會現場一切「問與答」時段圓滿告一段落，基於行政工作上努力，不宜僅悶著頭埋首苦幹，有時也要適切地讓人知曉，校方教務處如何盡心盡力。因爲這不僅是禮貌，更是尊重對方一種表達方式。因此，結尾時，我簡單敘述教務處教學發展中心四位助理規劃本次座談會某些過程。諸如事前一一聯絡陸生、彙整陸生預先提問、個別邀請不同單位主管和相關同仁們作答並參與會議、安排場地和會場佈置、簡餐飲料之準備等等細節時，與會陸生曾多次不吝給予掌聲。

環視，高掛且醒目紅白布條、兩大籃悅目新鮮欲滴大花籃，禁不住：「今天爲了和同學們舉行這一次座談會，教學發展中心助理們也特別準備了這兩籃鮮花應景。你們不覺得這些花花葉葉特好看嗎？」經這麼一挑逗，可想而知，可愛的陸生們又是報以熱烈掌聲。

人去，四位助理和工讀生們忙著善後。幕後全力策畫這場會議的助理鄭小姐，前來招呼我一些後續公務後，我當面表達致謝之意：

「妳們今天辛苦了！整個會議流程很流暢、充實。對了，那兩籃鮮花，倒也鮮活了整個會場氣氛。非常好！」

「老師，那兩籃花不是我們訂的，是上一場會議他們開完會後留下來的！」

「什麼？我剛才還大聲招搖地告訴學生，它是我們教務處爲他們精心準備。」說完，我略帶心虛看了她一眼，但旋即：「實在過意不去！這一次果真應驗俗話所說『借花獻佛』了！」

次日，想到座談會過往點點滴滴：「當下，雖然有些看似無關緊要零星紀錄小細節，卻也爲日後拼湊出一塊大陸學生在台灣留痕與拼圖。」

聽聞，二〇一三年二月底教育部透露，擬於八月起，大幅度「三限六不」陸生政策擬放寬。（原先政策爲不加分優待、不影響國內招生名額、不編列獎學金、不允許在校打工、不得在台灣就業、不得報考公職考試；限制來台陸生總量、限制學歷採認領域、限制採認大陸大學）。同時，未來將考慮陸生可納入健保、任研究助理，並可參加技能檢定等。

五、

龍雨林夏天回到北京大學後，教師節當天，驚喜地收到她從北京大學三十四樓A棟四一七室寄來一張明信片：「……感謝您悉心的教導和溫暖的關心……」

訪中原大學

公務車在高速公路北上車道，直奔中原大學。不是去教課、訪友，而是銜命參加「桃竹苗區域教學資源中心」整合分享計畫——期中成果報告會議。

線上學習，今已成爲國內外熱門教育話題。在美國，哈佛大學和麻省理工學院於二〇一二年秋天，規劃推展免費線上課程，屆時全球數以百萬計學生或學習者，藉由遠距教學、線上學習難得機會，求取新知。學生依自己進度，可觀看教學影片、參加隨堂測驗和在線上實驗室做實驗，但不必接受測驗。只要學生證明自己可以精通某項科目，就可以拿到證書。

早在二〇一二年二月，美國西岸史丹佛大學兩位教授（Koller 和 Ng）創辦了免費線上課程網站（www.coursera.org）。推動「教育是權利」而非特權這夢想，希望全球各地任何人，無論國家、家庭狀況或經濟狀況背景爲何，都可藉由學習全球一流大學課程，來擴展智能，學習技能。

在美國，除了史丹佛大學，隨後普林斯頓大學、密西根大學和賓夕法尼亞大學三校，也推出網路課程。緊接著五個月後，杜克大學、瑞士洛桑聯邦理工學院和蘇格蘭愛丁堡大學，也隨後參與此一網路教育平台。

見賢思齊，美國東岸哈佛大學和麻省理工學院於五月亦宣布，兩校亦將合作推出免費線上課程。

一、

反觀台灣，交大在推動線上學習上，表現得不遑多讓。例如由交大林教務長所主持教學資源中心計畫，其目標即建立桃竹苗區域開放式教育資源園區。透過開放教育資源分享，以期創造出新的教學與學習方式，達到校際資源整合共享果效。此教學資源園區欲達到充實教學資源、提升學生學習成效、推動課程架構改良，和協助教師教學精進等效益。

在台灣，此項教育部計畫在本校教務處所屬「開放教育推動中心」，多年來耕耘下列重點工作：開放式教育資源 Open Education Resources（OER）彙整、開放式課程 OpenCourse Ware（OCW）應用推廣、和開放式課程建置分享。

該計畫架構一分爲二：一爲交通大學除了協助有意願製作「開放式課程」夥伴學校，並樂意提供製作流程、智慧財產權釐清、拍攝技能、研習活動之舉辦等工作項目；一爲彙整開放式教育資源、開放式課程和推廣活動，讓其他夥伴學校師生能擁有更多開放式資源。這不但能幫助教師觀摩、學生預習與複習，還能滿足自學者等不同需求。

三月九日，星期三，中原大學全人教育村南棟六一八室，代表教務長參加「桃竹苗區域教學資源中心指導委員暨執行委員會議」。並上台口頭報告交大在資源整合分享計畫之下「創意同享園區子計畫」，期中成果報告時清晰地點出：

在開放教育資源彙整方面：彙整國內外開放教育資源，包括開放教育資源之概念及推薦介紹。開放式課程，爲了要建立開放式教育資源園區，交大先建立了一個平台。如果任何夥伴學校（當時共計二十一所大學）欲製作開放式課程教材，但限於設備、經費、人力等因素，便可使用此「桃竹苗開放式課程平台」。藉此平台，本校又大力推廣智慧財產權概念，同時提供研習課程影片一部，供觀摩之用。

開放式課程協助建置與分享方面：交大草擬兩本手冊資料如「開放式課程推動手冊」、「數位教材製作智慧財產處理要點手冊」，旨在推廣相關重要概念。本校又於二〇一〇年九月舉辦基礎學科開放式課程如微積分、物理、化學三門。當然，交大也提供開課建置等諮詢服務，以及課程智慧財產問題之釐清。過程中，以大華技術學院爲例，有一門課因爲智慧財產權出了點問題，因而無法成爲開放式課程。然而，以國立體育大學爲例，一度有三門課雖然是術科不是課程科目，但皆爲教學影片，因此被納入開放式課程。

開放式課程推廣暨應用方面：交大、開南、國立體育三所大學分別舉辦了共計三場開放式課程研習活動。交大、體大分別推出兩場智慧財產權相關研習活動。新竹教育大學，舉辦一場數位教材相關研習活動。國內大學參與二〇一〇年十一月亞洲區開放式課程暨開放教育資源會議，期間，夥伴學校計有十三位同仁與會，並有一位教師發表文章。

至於資源整合分享計畫在執行過程中所遇困難，根據交大教務處開放教育推動中心之觀察，大抵分爲以下諸點：開放式課程概念推廣，至今也已兩、三年了，然而師生仍未全然了解狀況，故仍尚待努力。一些教師雖然接受且認同開放式資源觀念，一旦要面臨教學資源被開放，同時上課情形會被拍成影片時，反而猶豫起來，甚至產生抗拒。加上，一些夥伴學校限於人力、設備、經費或激勵誘因不足等問題，導致推行困難等三點。

二、

當日會議中，除了向出席大學院校校長、院長、教務長、或教學（資源）中心主任等做簡報，我更介紹了交通大學在全無教育部任何經費補助情況下，如何將自己資源予以開放。

首先，強調交通大學這項計畫目標爲校際交流、資源分享。然後解說該計畫架構乃建築在實體研習活動，包括教師專業成長活動、教學助理培訓活動。關於交大教學發展中心目前所規畫相關活動亦被納入，如助教線上資源服務所提供基礎科學學科如微積分、物理、化學等課程。另外虛擬影音講堂資源，像是由服務學習中心所提供——服務學習影音講堂資源。

接著說明本計畫執行成效，包括提升大學校園中「教與學」，共辦理八場有關教與學各項研習活動。而這些從二〇一一年二月，由交大教學發展中心所舉辦活動，完全開放給夥伴學校師生參與。藉由服務學習資源，以提昇教學品質暨學習競爭力方面，九十八學年度下學期已建置完畢兩場影音講堂內容，包含影音實況、影片導讀、演講大綱、議題討論。這些豐富資源，均可在交大網站上看到。關於基礎學科能力提升計畫一項，交大則於二〇一〇年舉辦「看電影談物理」創意競賽活動，當時共計一百四十四件國內外參賽作品。還有，本校連結區域內四所大學（清大、中央、玄奘、開南）輔導資源，包含實體課輔、線上諮詢等。

當然，未來，交大更期望教師參與研習活動意願能提高、區域內豐富課輔資源能更具統整性之外，期盼區域內夥伴學校之間橫向鏈結性能更趨緊密。

三、

確實，網路科技高度發展下，大學開放式線上課程，確實徹底改變學習方式。從十一世紀成立歐洲最古老大學到現在，大都以老師在課堂裡講課、學生在場聽課或討論爲主要學習方式。繼而演變到不久未來，遠距教學和互動式線上教學技術，並透過大型螢幕、視訊設備和智慧型器材以求取新知，將成爲另一種學習模式。

與會當天，行前一小時，我擬了一份期中問卷，並請助理打字、影印後放置公文封內。當到達中原大學會議現場，立刻請另一位同行助理將一張張問卷放置在每位與會者桌面上。

會議後，回收兩份已作答問卷，其答覆內容如下：

「玄奘大學非常感謝交大的努力，希望爾後可以繼續提高兩校之間交流與分享。若有研習課程，玄奘極樂意推派教師參與。」玄奘大學郭教務長寫著。

「1. 建議交大可將製作開放式課程應注意細節（如智慧財產權之維護及侵犯）製作成投影片或 DVD 後，分送其他夥伴學校之教學資源中心，以便公告週知該校之全校教師。

2. 開放式課程之所需軟硬體設備需求規格，是否亦提供其他夥伴學校，以便跟進。」開南大學教學資源中心邱主任建議。

走訪中原大學後第二天，三月十日晚上，獨自在工程五館五樓教學發展中心辦公室內挑燈。搔頭，正爲教學資源分享會議之行作書面報告撰稿之際，左思右想該如何結尾？驟然想起，赴中原大學口頭報告當天早上，行前，曾在辦公室先行自擬問卷文字：

「九十九年度由國立交通大學所主持開放式教學資源園區計劃，夥伴學校在參與過程中，對我們有何建議與交流？有何鼓勵？敬請告知，以便未來在桃竹苗校際開放式課程推動上，交大一本誠心爲夥伴學校及社會大眾服務、奉獻之初衷，繼續盡心盡力。」

訪東海大學

「以前自己是大學生，如今在大學校園裡也已經服務多年。一趟東海行，親身見證了不同時空下，深刻體驗到，在我們生長這片土地上，大學氛圍確實不可同日而語！」心語。

每次人在擁有百分之八十綠地東海校園，都會情不自禁地走向貝聿銘設計那座舉世聞名東海教堂。一面望著以鋼筋混凝土爲主要材料，四面牆呈現雙曲面建築主題時，不但仰慕教堂實用、工程面向，且不得不佩服它更是令人讚嘆不絕一件藝術品；一面流連於教堂四周青青草坪而忘返。

寒假過後開學第一周，星期三，因公事再度重回東海教堂懷抱，重溫年輕時光裡善感和溫度滿懷。

抵達東海大學人文大樓茂榜廳。進入場內簽到後，看了看手錶，離上午十點會議召開時間，尚有半個鐘頭難得空檔。偌大廳堂內，僅有第一排兩位人士在閒談，會場顯得空蕩寧靜。

念念不忘，方才在高速公路上及戶外，那片早春晴光和氣溫二十度左右所帶來舒適感。當下，二話不說，情不自禁地奪門而出。這下子，閒適地漫步在會場附近文學院、教堂、文理大道、外文系，以及穿梭在林園石徑、晨靄、鳥鳴、桂花樹叢畔，浸身於春天般情境裏。身心遊蕩於院庭角落之間，欲探如此優質大學校園景觀到底對師生薰陶爲何？直到距開會時間還剩三、四分鐘光景，才又匆匆地返回茂榜廳。

出席由中華民國私立大學校院協進會主辦「研討大法官釋字第六八四號解釋對大專院校教務相關事務之衝擊與因應」會議。當天，因爲全國一百七十一所大學，僅二十來所大學代表未到，其他全到齊了，於是把國際會議廳擠得人滿且熱鬧。事實上，國內各大專院校爲了因應司法院「釋字第六八四號解釋擴大學生得提起行政救濟之範圍，提升學生權利保障並維持校園運作和諧」，不僅今日私立大學校院協進會十分關切，在未來，公立大學校院協進會和私立技職校院協進會，三者分別就教務、校務行政和學生學務方面等議題，均會先後召開因應措施會議。

首先，大法官釋字第六八四號內容爲：「大學爲實現研究學術及培育人才之教育目的或維持學校秩序，對學生所爲行政處分或其他公權力措施，如侵害學生受教育權或其他基本權利，即使非屬退學或類此之處分，本於憲法第十六條有權利即有救濟之意旨，仍應許權利受侵害之學生提起行政爭訟，無特別限制之必要。在此範圍內，本院釋字第三八二號解釋應予變更。」

至於被變更掉司法院釋字第三八四號解釋之內容，其原貌爲：「各級學校依有關學籍規則或懲處規定，對學生所爲退學或類此之處分行爲，足以改變其學生身分並損及其受教育之機會，自屬對人民憲法上受教育之權利有重大影響，此種處分行爲應爲訴願法及行政訴訟法上之行政處分。受處分之學生於用盡校內申訴途徑，未獲救濟者，自得依法提起訴願及行政訴訟。行政法院四十一年判字第六號判例，與上開意旨不符部分，應不予援用，以符憲法保障人民受教育之權利及訴訟權之意旨。」

如何能更具體地點出釋字第六八四號與釋字第三八四號兩者不同處？幸好會議中東海大學法律系黃教授清楚指出，對照之下，釋字第六八四號特色爲：大學之學生（包含研究生）救濟管道不再限於退學或類此之處分，而及於其他權利受損之情形。簡單而言，就權利保護來說，大學學生與大學之間關係，其救濟可能性，如同一般人民與政府機關間之關係，不再有差異。如同解釋文所稱：「學生提起行政爭訟，無特別限制之必要。」行政爭訟有其法定要件，必以權利遭受侵害爲前提。行政爭訟主要包含訴願與行政訴訟，前者以有行政處分存在爲前提，也就是學校所採取措施須符合行政程序法第九十二條第一、二項之各項要件。行政訴訟則不限於行政處分，其他屬於事實行為或行政契約各類措施，均可作為司法審查之標的。大學生以外之中、小學生之救濟可能性，維持現狀不變。

東海大學黃教授演講講到，大學院校倒可以稍加放心一件事是，釋字第六八四號解釋所主張開放行政救濟之管道，僅指程序要件之放寬，與爭訟主張在實體上是否有理由，兩者有別。

平行於教育部所頒處理原則，憶起會中一些意見，可供交大師生參考：檢視校規是否有抵觸現行國家法令之處，例如學位授予法？執行面應注意：是否有法令依據？是否確實符合規定之要件？是否有不利擴張解釋？是否程序合法、周延？是否符合平等原則？是否符合比例原則？是否符合禁止不當結合原則？傳統之師生、學校與學生倫理關係之外，需不忘法律因素考量。例如：教師的喜怒或情緒，不具有法源地位。大學一如行政機關，需更注意依法行政原則與行政自我拘束原則。本著資訊透明與公平作風，建立信賴、營造良性互動環境、建立友善關懷校園，如此可有效減少無謂爭訟。

另外，會中台大洪主任就大學教務應如何回應對策，提供下列幾點思考方向：組成處內小組研議對策（例如對教務相關法規總體檢與案件類型整理及分析）。不能再依慣例作行政裁量，應列入法規提教務會議討論通過。至於此點，洪主任補充，校方在討論相關辦法或法則修訂，建議能有學生代表在現場，則會更加完備些。教授個人評分標準適切與否之爭議（教授有其專屬評分權利，法官亦無權介入，大法官會議有解釋）。他進一步說明招生、註冊、選課以及成績管理等相關問題因應細則之研擬及討論。學生未選修該課以致無法畢業，該生修課權利應特別考量。法規之適用以從新從輕爲原則。然而，行政爭訟有其法定要件，就是必以學生權利遭受侵害爲前提。

的確，現行各種評鑑和大法官釋字第六八四號解釋，均爲大學校院辦學品質保證和辦校時要注意的關節。去反思，如何共同爲學生打造良好學習環境與輔助學生學習成效爲首要任務。時時檢視辦法是否完善？制度、細則是否完備？身教言教否？教育的問題是否可從法規中去自省？定規章時是否以學生爲主體、以學生學習成效爲依歸？行政單位是服務單位，是否支持學生學習和老師教學、研究？畢竟，教育本質，是協助學生受教，而學生是學校內主體中心。另一方面，大學教育無非是養成學生獨立思考、判斷能力。末了，大法官釋字第六八四號解釋文真諦，在於讓大學、師生一起成長，共同營造出一個自治和諧學習環境。

開完會議，急忙地鑽進公務車返回交大，因爲得及時趕赴校園內另一場會議。

當公務車司機大哥發動引擎，車輛開始滾動，望著眼前飄過綠意樹海：

「東海校園巒漂亮！」我說。「交大校園也很漂亮啊！我覺得交大比東海漂亮！」大哥回應。對於這一點，我客氣地應和著，輕聲「嗯！」帶過。

孔子

相較於全美大學排行，富比世雜誌評比全美國六百五十所大學和學院。就評估師資、學生滿意度、畢業生出路、畢業率與學生貸款負擔等項目，但不包括學校校譽、學術成就。至於國內高等教育評鑑中心（高教中心），近年，對所有大學進行五年一次評鑑，二〇一一年春天首次粉墨登場。國內第一次，每個階段過程，都引發各大學首當其衝不論行政或教學單位抱怨不少。因爲不但架構項目盤根錯節，甚至連問題本身有時都令人摸不著頭緒，最後落得有如參加作文比賽一般。

發展到後來，教育部在二〇一二年八月初公布了「大學校院自我評鑑結果審查作業原則」，從十月份起，三十四所頂尖大學和教學卓越大學可申請自我評鑑。換句話說，教育部希望這些大學能夠依照自我特色，訂定出評鑑指標與具特色評鑑模式，以發展各校個別差異與特質。然後，將自我評鑑結果送到教育部進行第二階段認定，最後只要通過，就可免受高等教育評鑑中心評審。

一、

回顧前年，交大被列爲上半年度受評學校之一。時程上，應於一月三十一日前完成自我評鑑，二月二十八日前上網填報基本資料與提交自我評鑑報告，三月至五月接受實地訪評。預計在十二月下旬，高等教育評鑑中心將會公佈認可結果：通過、有條件通過、未通過三種。

高教中心稱該次校務評鑑核心價值有二：一爲導入品質保證之**PDCA**（**Plan**、**Do**、**Check**、**Action**）架構。盼大學校院能認識自身定位，進而擬架構校務發展規劃，確保教學與研究績效。簡言之，趁此評鑑機會，交大如何將校務治理與經營機制和其運作成果，清楚地呈現。二爲建立一套評估學生學習成效完整機制。

交大校務評鑑指導委員會第一次會議，猶記於二〇一〇年四月二十三日，由副校長主持。列席人員包括研發長、教務長、學務長、總務長、國際長、頂尖大學辦公室執行長、主任秘書。會中討論案由，包括了研擬本委員會之組織架構及任務分配、有關自我評鑑實施方式、校務評鑑時程表和評鑑項目分工負責表之內容呈現、自我評鑑報告書撰寫方式及格式，再加上評鑑五大項目參考效標內容中，校級事項相關資料之提供。當次會議，確定項目三，教學與學習資源，由教務處負責報告書初稿之綜整事宜。會中另一項決議爲，交大自我評鑑報告初稿完成後，十二月底前安排校外學者專家先行到校訪視。

記憶中，依據校務評鑑「項目分工負責表」之規劃內容，教務處開始著手自評報告之資料收集、塡寫工作。追溯，第一次聽到此次校務評鑑訊息，那是在春天四月六日星期五上午「九十八學年度第十四次校務推動會議」上。當天會中決議，評鑑項目分工負責表的第三項（教學與學習資源），及第四項（績效與社會責任），原本建議由教務處彙整資料，現由教務處主辦，學務處來協助。

四月二十七日，在教學發展中心內部會議中，我把評鑑「作業時程表」分發給助理同仁們。五月底，我們將所遇到問題以及與問題相對應之措施，列表交給對評鑑學有專長教師。炎炎夏日七、八兩個月，同仁們逐項蒐集資料並整理報告內容。而七月底，把自我評鑑資料提交一級單位。九月，則開始著手教務處大彙整工作。

十一月十九日「第六次行政會議」，秘書室指出校務評鑑分工負責規劃內容，基本上而言，各階段已依時程完成彙整工作。總彙整之工程正在進行中，而整體自評報告初稿完成後，於二十二日開始將初稿送交指導委員審視、修改。二十五日召開指導委員會，以確認初稿內容，提供建議。利用該週末時間改訂後，下星期準時將報告內容寄給評審。

交大為了辦理校務評鑑，依評鑑指導委員會訂定之工作執行內容，擬定於十二月十七日舉行校務評鑑自評訪視活動。該日校外專家學者到校訪視之際，各學院院長及一級行政單位主管均受邀參與。基本上，訪視委員名單（依其專業領域分成電機光電類、資訊生科類、理工類、管理類，以及人文社會客家類共五類）之產生，乃依各行政主管、各學院院長推薦後，經校長圈選，再依序徵詢受聘意願。末了，同意擔任訪視委員共約二十一名。

二、

教務處在此次校務評鑑，先後執行了三項問卷且分別加以分析其意義：分別是學生核心能力評量問卷、教師上網填寫課程大綱之核心能力問卷，以及教師對學生「基本素養與核心能力」之調查問卷三種。

第一，學生自評問卷方面：教學發展中心配合校務評鑑，實施「學生核心能力評量」問卷，問卷系統由資訊技術服務中心協助開發。舉凡填答問卷學生均可參加抽獎活動，總計一千九百零三位學生填寫。統計數據繳回後，交由校內教育所專業教授負責分析。問卷分析結果：填答學生自評在各面向能力皆為中上，博士班學生整體表現又優於碩士班及大學部學生。其中，在滿分為 5.0 評量標準上，學生自評其「創意思考、跨領域整合的能力」最佳（平均得點4.35），其次是「國際視野」（平均得點4.34）與「資訊素養」（平均得點4.27），最差則爲「外語能力」（平均得點3.50）。因此，在外語學習環境上，校方及學生本身，均有很大努力空間。

第二，教師上網填寫課程大綱之核心能力方面：以顯示教師開課走向。爲了校務評鑑，由秘書室提供「校級」基本素養與核心能力，教務處與資訊中心將其設定於選課系統之「編輯課程綱要」內，邀請全校有開課老師得利用選課系統填寫。由秘書室召集自我評鑑作業說明會中，也同時請各學院制定「院級」基本素養與核心能力。統計分析結果：二〇一〇年課程大綱統計結果顯示，「專業知能」（佔總開課數71.89%）、「發現及問題解決能力」（佔總開課數54.40%）、及「跨界多元思考的能力」（佔總開課數32.25%），爲各學院課程最重視、欲培養學生三項能力。

第三，教師評量學生「基本素養與核心能力」問卷方面：問卷分析結果：交大教師評量學生各項核心能力表現，教師對學生認同度皆爲中等程度以上，依據滿分爲5.0評量標準，教師讚譽學生表現中，評價最高是專業知能（平均得點4.05），其次爲國際視野（平均得點3.86），第三爲品德教育（平均得點3.69），最低爲時間管理能力（平均得點3.29）。

三、

教務處在撰寫、修訂初稿過程中，我學習到一些書寫評鑑報告重點：例如加入一些具體結構比例統計表、百分比、課程地圖、辦法、作法、績效列表、總金額、成果統計圖表、或一覽表。根據要素列標題、重新分段。參考「校長續任報告」重點，列入正文。提醒人社學院及客家學院提供相關資料，列入附錄。查證交大有無相關管理辦法，有則簡單具體說明。資訊服務中心可補充資料。一些文字敘述段落，可列表呈現，或可列出成長曲線。幾則附錄可轉列於正文中。強調國內首創（如藝文展演及交大人文電影館等）。撰文儘量精簡扼要、簡化描述、舉例。有些「特色」論述，可移入「現況描述」，儘量避免重覆。可邀請教育顧問協助，檢視且加強正文內容之充實。

四、

二〇一一年三月小陽春，教學發展中心一位助理前來說明，高教中心將在中央大學有一場「教學新典範與學習成效評量」演講。一聽，我欣然鼓勵她前往現場聆聽並取經回來，供交大未來參考依據。

第二天下班前，助理把日昨出席演講所聽到重點和我分享。聽後，倍覺收穫良多。諸如，大學校務評鑑和將來系所評鑑重點會落在「學生學習成效」。在教學品質轉移上，將從投入面（教學品質保證：像是師資、學生、設備、財務人力等）、過程面（如教學大綱、課程規劃、設計教學評量、學術活動等），走向產出結果的產出面（學習品質保證：像是e-Portfolio學習歷程網、專題研究、證照/國家考試、畢業生升學或職涯發展、學生學習經驗調查、可透過雜誌報導取得雇主滿意度相關資訊，和態度、價值觀等）。而此轉變，正顯示教學新思維定位在「確定『學習』會發生」，也就是從「教」走向「學」爲核心教育價值。

檢視學生學習成效之優點、評量學生學習成效上，可根據三種考量：

第一，學生學習主動性：學生瞭解教師預期學習目標與核心能力，協助學生學習有重心、清楚自己的強項或弱項，以作爲日後精進依據。

第二，教師教學目的性：教師瞭解知識傳遞的效果、教與學之間差距。如設計學習情境、增加主動學習，進行多元化評量，以深化學生核心能力。

第三，學校發展特色性：核心能力能創造特色、市場區隔，並教育目標之內涵具體化，凡此種種均能讓學生、家長、社會大眾了解。後者，可依制訂核心能力爲始，高教中心強調：「應以少爲多，以可行、能執行爲要。也必須是可以觀察到的，才能進行測量。從校到系的核心能力，應從概念性（抽象）到具體明確。」

而課程難易（初級、中級、高級），配合核心能力全系課程規劃（課程大綱和課程地圖）。其意義，不僅幫助師生對於整個學系（程）學習架構和脈絡有所認識，同時，可藉此進行有意義檢討、調整、或重新考慮開課適當性。進一步，在培養學生較抽象能力（如態度、價值觀）時，高教中心建議：「系所可和通識教育中心做策略上課程規劃，亦可透過學院進行系所和通識之間協商合作。」

另外，在蒐集事證，以利學系（程）改善基礎上，高教中心所整理事證相互佐證表，確實能幫助各大學具體勾繪出一個清晰方向。譬如事證種類向度，直接測得學習者學業成果，以及間接瞭解學習者經驗：

「質化角度：學習歷程檔案、專題研究、專業臨場表現、晤談、出席點名、導生時間。

量化角度：筆試、系校內標準考試、會考、全校性在學學生經驗調查。

校外方面，國家考試、證照考試、語言測驗、升學、就業情形、雇主滿意度、畢業校友問卷、全國性經驗普查（DLE、NSSE、國立臺灣師範大學大一、大三、畢業生流向問卷調查）。」

高教中心總結學生學習成效分析效果，期在學校整體上，能運用到，提供課程改善、校級與系所教學改善、利害關係人以及評鑑組織參考，盼達到組織學習。

五、

記得，三月七日下午，秘書室發出電子郵件，請全校教師協助達成培育學生基本素養和核心能力爲主旨。信中強調：二〇一一年大學校院校務評鑑項目中，項目四績效與社會責任，「學校規劃評核學生達成基本素養與核心能力之機制」效標部分。於二〇一〇年上半年，已由教務處課務組通知教師協助，透過「課程綱要」系統，勾選任教課程欲達成之學生「基本素養」與「核心能力」。業統整建立「校級」、「院級」及相關系所之學生「基本素養與核心能力」，請教師協助將相關能力指標納入課程規劃設計。藉由課程設計之學習活動與評量方式，達成培育學生基本素養與核心能力之教育目標。交大「校級」、「院級」與相關系所制訂出大學生「基本素養與核心能力」，及校務評鑑相關資訊，可參閱秘書室網頁「評鑑專區」內尋找最新資訊。

說到全校發文、後續追蹤、蒐集各院及各系所之學生基本素養與核心能力之繁複工作，均透過教學發展中心在作業。該中心終於在四月一日，將校級基本素養與核心能力、各院、系所之基本素養與核心能力，全部蒐集完畢，且寄給教務長辦公室，此浩大工程始告一段落。

另外，四月一日爲「校務評鑑實地訪評作業第二次籌備會議」，由副校長主持。由於公事出差，但仍從台北匆匆趕回。當我趕到會場時已是下午兩點。當天會議，主要是審視「校務評鑑簡報」和「校務評鑑自評意見回覆追蹤表」爲主。

六、

高教評鑑中心委員蒞校實地訪評（外部評鑑），交大受訪日期爲五月十一日至十二日。尤其在委員蒞臨實地訪評五月十二日那一天，教務長吩咐助理通知，我將和他一起出席會議現場。那一次經驗，絕對是一個非常寶貴學習機會。回首，一路走來，交通大學校務評鑑籌備時程，前後長達近一年光景。教務處內不同單位同仁們，共同參與評鑑項目中第三、第四大項籌備工作。終於在高教評鑑中心蒞校進行實地訪評時刻，總算告一段落。

七、

一年多過去，高等教育工會理事之一周教授，日前於報紙上「觀念平台專欄」坦率地指出，高等教育評鑑原應參考美國專家學者建議，由內而外自發自主的機制。簡言之，大專院校被賦予擁有屬於自己、適合自己、定時追蹤一項自我改進機制。他同時直言，反觀國內教育部在準備不周、缺乏共識，且又在非專業行政人員曲解下，仍一意孤行。硬將美國評鑑宗旨、指標、方法強加在我們大學身上，漠視了在地特殊性。結果，衍生了一些痛苦經驗和亂象。

大學評鑑後續發展，一直延燒到二〇一三年二月八日小年夜。報載學界對國內大學評鑑、人才培育制度批評聲不斷。中研院建議可按不同類型、層級規劃，使自然科學、生命科學、人文社會、醫農理工領域採不同評鑑標準，不再一套標準適用所有校系。教育界也意識到，若以單一標準評鑑，會讓大學過於單一化、形式化，失去多元價值。

幾天過後，二月中旬，報載教育部回應中央研究院建議大學評鑑按不同類型、層級來規劃，才能讓大學辦出特色。教育部已規劃試辦大學「自我評鑑」，最快三月上路。換句話說，大學可以制訂評鑑機制，透過認可小組審查後，再由校方邀請外界評鑑單位審核，並且至少八成的評鑑委員要來自校外。

八、

五月，慈濟大學宗教與人文研究所長兼教育部大學評鑑委員坦言：「教育是天地、可能、生長，不是工廠、控制、成品。」他更清楚地說：「教育是人的生長，不是人的製造，更不是製造人。」意味著：「教育中一切管理、一切制度、一切結構、都不能壞了教育的天地、不能堵塞了教育的可能，不能扼殺了教育成長。」論到評量：「應簡樸，評量要的是教育生命的喚醒，而不是教育工具理性、利害的算計。」多樣、多元、多重的人，「更不能以壓平一切的方式來求公平，結果反失去了公平。」

何其慶幸，實施第一次大學評鑑後，國內教育界和主管單位經過誠懇檢驗，作出善意回應。否則，有人也會跟著笑納，如一位傳播系教授所言，如此嚴苛的大學評鑑指標連「孔子也沒辦法通過」？

大師

領會到，身爲一位大師級人物背後所隱藏之真意爲何！

三五好友聚在一起開講：如果說中國傳統謙讓美德已經過度虛僞，李敖則爲了打倒這種虛僞，而將自己帶到一種極端境界。在他自己思想中，已可充分見到他攻擊傳統所展現狂傲與自信。

綜觀李敖文字，可以從中嗅出一種高度競爭意識。他將所有事物都拉向是與非這兩個極端。不管道德、藝術，甚至愛情都要分個高下。當然、在他衡量尺度裡，李敖是最好最優。在這種競爭、打倒虛僞邏輯下，文字表達最好方式就是坦白直率、不加文飾。的確，我們在李敖作品當中極難看到錯雜歧義語句，只見到他自信滿滿地道出己是人非。

衆友同意，這樣文字卻是和文學頗相背離。文學在某種角度來說是一種語言實驗、符號操弄。有人認爲李敖所關注，不是絕對、黑白分明是與非，而是模稜兩可灰色地帶、人性隱微幽黯之處。只有在這種材料上，才能利用文字符號將人多元而錯綜複雜表現出來。相較於其他學科傾向於簡化歸納所處理的對象，文學藝術卻容許甚至鼓勵、衍生歧義與多重解譯。

教中國古典文學友人表達，就這個觀點來說，李敖文字很不文學。儘管他文章可以作爲鼓動性政論、精采歷史雜文。然而當他處理到人與人之間複雜難言之互動、人性內心幽微潛意識、以及一些人世間就是不能坦白事物，卻會注定不足。

教西洋文學友人則從另一個角度發言，這種文字形式也不是全然沒有優點。在他作品「北京法源寺」獲諾貝爾文學獎提名時，就顯現出來了。一般來說，文學中語言實驗、複雜與歧義，一旦經過翻譯就會遭受破壞變質。然而李敖坦白平直文字，顯然就受到較少影響。此外，諾貝爾文學獎在選取他們所不熟悉文字作品時，對既有秩序叛逆與顛覆，往往是一個很重要標準。李敖文章在這一點上亦適切充分展現，這也無怪乎「北京法源寺」會受到諾貝爾獎評審們青睞了。

相信不少人不禁會好奇，究竟是什麼造成如此極端李敖，爲什麼他始終如一自信滿滿、狂傲自大呢？

李敖曾在「李敖回憶錄」爲自己下了這樣一個評註：「李敖不是寬容社會的產物，只有不寬容的社會才會產生這樣的李敖。」這段話，或許可以恰如其分地解釋上述的問題。

教歷史友人表示，經過長期觀察，客觀來說，李敖過去是處在一個因強權而充滿虛假與欺妄的社會。他用過人蒐集資料能力，核對比較而相信自己看法正確性。當權者當然不滿於此，而對他進行壓迫。當他反抗時，即有一批人群爲他鼓勵吆喝。但是通常這種人在年輕的殉道者失敗後，則退縮而發出犬儒批評。

有些人佩服李敖奇蹟似地在一次一次打壓下，存活下來。而這又更加使自己相信自己的正確與絕對，相對地襯托出他人虛假和沒有原則、以及面對強權時懦弱不堪。而爲了相較於他人虛僞，李敖大師所採取態度，是對自己的一切坦白毫不保留。

因此，當人們見到李敖狂傲自大、坦白自信之餘，是否亦不要忘記他所承受超於常人的痛苦與挫折，以及所造成如此痛苦與挫折的歷史和不寬容的社會？

野薑花

一位同事敲響研究室門，於秋天午後，前來傾訴。

招呼請坐，轉身，忙著從書櫃第二層架上，取出兩套乳白色咖啡杯碟。

「不要忙！不要客氣！」

沒加理會，因爲來者是客，我心想。

當不加糖只加奶精即溶咖啡冒著一圈圈熱氣，我靜默下來傾聽。

一、

原來，不是仇敵辱罵和恨我人狂大，若是，這些種種還可忍耐，或躲避。

不料，是妳，我們不是素常彼此談笑，以爲甘甜？安息日，我們與會眾在　神的殿中同行？

不料，是你，是我同伴，是我知己朋友。

終於瞭解聖經人物大衛，在詩篇第十四篇和五十三篇兩處前三行，都在陳述相同主題「人的邪惡」而作詩。詩中，都講到耶和華從天上垂看世人，他們都偏離正路，「一同變爲汙穢；並沒有行善的，連一個也沒有。」

她和他彼此商議，「我們追趕他，捉拿他、謀害他吧！因爲沒有人搭救。」他們倆人要毀人，口雖祝福，心卻咒詛。她和他暗謀，彼此心照不宣地設下惡計，且商量，暗設羅網。他們倆聚集，「埋伏窺探我腳蹤，等候要害人。」他口如奶油光滑，他的心卻懷著爭戰；她話比油柔和，其實是拔出來刀劍。男女說話，是嘴唇油滑得體，但心口不一。

她和他，「爲何忌妒我？把我暗暗地當作假想敵，暗中與我相爭。」兩人並聯手「挖坑攻擊我，無故恨我，無理由與我爲仇！」

無理由恨我，她和他，雙雙悄然聚集誇勝歡喜，「當我遭難日子裡。」「當我受害，他們當面對我說啊哈、啊哈，背地裡，她和他，就喜悅。」他們如兄如妹一對，以惡報善。

他們似姊弟一對，思忖著，「設下網羅要害我，」巧以油滑嘴唇和誇大舌頭。巧用小恩小惠，幾個包子或三合一咖啡包，去掩蓋那旁敲側擊以窺探虛實，草擬「要害我暗中商議；去隱藏那喜悅我遭害之心；去藏匿那無理由與我爲仇、要把我剪除。」

女人和男人竊竊私語在走廊上，以假冒為善口吻議論、讒謗我說：「有怪病貼在身上？已躺臥不能再起來？幾時死，他的名才滅亡？」她，用電子郵件說些虛情假意：「請你多多保重！」。

感嘆：「連我知己的朋友，所倚靠的，男和女，也用腳踢我。」眾人眼中淑女般女子、紳士般男子，一直被視為良朋密友，「為何喜歡我遭難？在我搖動時候喜樂，遠遠地站立？」這時，兩人心滿意足地說：「遂我們的心願了！」

詩篇：「任憑義人擊打我，這算是仁慈；任憑他責備我，這算為頭上的膏油；我的頭不要躲閃。正在他們行惡的時候，我仍要祈禱。自以為義的義人行惡。」

詩篇又言：「耶和華，在你面前，凡活著的人沒有一個是義的。」

多年以來，被蒙在鼓裡，今醒悟，他們看似對你有興趣表善意，表象之下，卻是嫉妒。正因為如此，他們也被人以有趣角度去閱讀。光天化日之下，他們不著痕跡暗地裡設計摧毀善待他們的人，是如此綿密、優雅又文明，以致無人起疑。

二、

傾訴者繼續……

過去，縱有旁人取笑她，卻不爲所動，一直支持、鼓勵她。

像是誠實待人的玲玲教授要退休了。幾位談得來老師們在系圖書室，爲玲玲舉辦了一個簡單溫馨下午茶歡送會。長木桌上，擺著不同人攜來鮮花、美食水果和卡片。男男女女坐下，追憶教學生涯中與玲玲有交集趣事和回憶。她出示一張印有向日葵卡片，唸出她寫給玲玲感言與祝福語，最後抬頭甜甜地結語：「玲玲就好像這張卡片向日葵一樣，散發著光和熱，帶給我們無限溫暖！」

誰知，向來直人直語玲玲拋出一句：「好肉麻！」

有一次，私下談心，她受到委屈訴說，曾經在一所知名高中教書。那時候，老師們在大辦公室一起休息、批改作業或談天。有一位女老師當面對一向自認小心謹慎、儘說人好話的她說：「妳好虛假！」這下子，可讓她暗地哭泣多時。

記得，人文社會學院一位女教授曾說，有次去郵局，途中，遇到她。她禮貌目視對方且讚美對方美言不絕，讓聽者渾身不自在而背地向人說：「我有點怕見到她！假假的。」

同系有一位就怕師生不知道自己是美國常春藤、哈佛大學碩士畢業女老師，略帶不屑口吻，背地數落她：「當老師的，還穿微露胸部低胸洋裝。怪不得那麼受學生歡迎。」不過，這位畢業於哈佛教師，秋天，甫獲校內重要學術獎。未料，不到一星期，黑函四散，被指責

「學術之恥。欺世盜名。」因爲，事前，哈佛畢業的教師主動向校方研究發展處申請該獎時，其實並未獲得什麼國內重要學術獎項，只是新書出版獲得校外單位補助。黑函指控者稱，如果這樣可以獲獎，那麼校內有不少教師都可以得學術獎了。

暑假過後，校長特聘一位於美國紐約大學退休、知名學者教授擔任院長。

又是秋天，系主任特別爲新院長籌辦了一個歡迎茶會，並順道祝賀他甫獲研究大獎，雙喜臨門。那天下午，不但五星級飯店前來系館外燴，將現場佈置得鮮花美食咖啡飄香，而且一進會場正前方，還懸掛了一幀恭賀語紅布條。滿室氣氛顯得喜氣盈門！院長老母親更是大老遠從外縣市趕來，參與盛會。系主任和新上任院長致完詞，男女教師和職員們開始安坐吃喝閒聊，滿室漸漸瀰漫著鬧哄哄且愉快氛圍。

時間過了五分鐘左右，會眾裡，她第一位起身，手中握著一杯飲料，笑意地正走向院長和老太太座位，準備去敬酒。坐在她正對面陳老師見狀，大笑出聲，他一向喜歡在關鍵時刻偶出戲言，對旁人冒出一句：「你看！你看！她又要去演戲了！」這一句話，說了兩次。

雖然如此，不顧一切，仍然人前人後挺她。

再看看過往，縱然看透舉止溫文儒雅的他，善於接近、利用身邊師長、老師同事、和碩博士學生，幫他翻譯，助他升等。看在眼裡但都不去點破，依舊與他爲友。

眼前男女雙雙以宗教為裝飾，謙遜有禮、雙眼望著你並點頭表達諒解和同情言行表演。刻意將自己塑造出一種近乎完美形象，輕易讓人誤認他們是難得朋友。暗地裏，兩人因為妒忌，綿密不著痕跡地從裏至外拆了人屋、毀了人院——這麼一位星期天上教堂女子，和這麼一位熱心參與佛教做功德男子。

驚訝：「他和她聯手推我落井！」讓原本視他們為友者微嘆：「空留一段友情！」

曾聽到學院裡一位資深女教師感嘆：

「二十多年下來，看盡學術界象牙塔裡面的人，見不得人家好。常存忌妒心，酸葡萄的心理，看好戲的扭曲心態，比非學術界更嚴重。大部分都是 egoist 自高自大的人，不講義氣的居多。在外面混的世界，搞不好反而重視江湖道義。」

三、

聽完，溫柔且善解地看著同事，想起溫煦秋日般音樂，微語：「學習大衛王的榜樣，如聾子不聽，像啞巴不開口。有如聽不見的人，口中沒有回話。」剛落語，我又急忙補上：「作一位地上安靜的人。」

研究室內白瓷花瓶裡，養著一束綠莖綠葉白花的野薑花。它是仲秋當天早晨，在傳統市場，向一位不斷逢人就忙著兜售年老歐吉桑採購。歐吉桑見人捧場，多送一枝。這款小惠反而令人心暖不散。回到校園，我將花莖隨意插進瓷瓶。

對門老師輕敲研究室木門，送來一個大木梨、一個奇異果和兩個花蓮特產薯餅。當送禮者看到研究室內洗手台上瓶花，不自禁地讚嘆、回憶起久違、屬年少樸素年代印記，「年少，水涯邊厚生的野薑花」，清遠悠然！

四、

事實上，對門老師，先後也曾被前述的他和她暗地指摘、嘀咕其行事爲人猶如：

「心術不正，卻面帶微笑。她就好像一手推人墜落懸崖後，然後無辜狀問：『怎麼會這樣？』」

「每當她嘴巴特別甜、變了聲音示好，就是要害人的時候！」

「值得去觀察、去閱讀的一個人。因爲擁有一雙銳利鷹眼，左右搜尋，尋找下手目標和時機。實在太獨特、太異於常人了！不理她，她會害你；對她好，她還是會害你。對她友善，她會向你示好；不把她放在眼裡，她還是會向你示好的這麼一個人。」

「她背後打電話給校內其他大牌教授詆毀人，把人氣炸了！這位受害資深女教授把她帶到系辦公室助理小姐面前，當眾破口：『妳爲什麼這麼賤？』」

「說來話長，簡單地說，暑假期間，她暗中唆使男性系主任，把我的 e-mail 帳號關閉掉，又叫系主任通知會計室把我的薪水也停掉了！等我返回學校，將一切弄清楚，才還原帳號和薪水。這時，她裝著若無其事，面帶微笑當面邀我去 Costco 大賣場購物，並當面稱我是『好朋友』！」

五、

一個人心理狀態和行爲表現，有時會讓人不知所措，那是由於前後判若兩人。如果真要從每個人不同角度去思考後，會發現沒有人是錯的，也沒有人是絕對好人或壞人。天使與魔鬼合體，找不到完美結局，才是最貼於現實人性。

二十世紀小說家康拉德（Joseph Conrad）作品「黑暗之心（Heart of Darkness）」，一直是令人難忘西方著作。尤其是讀到書中男主角 Kurtz 懷抱著起初理想和夢想，決定隻身從文明歐洲遠赴原始非洲叢林，去改造當地土著。鑑於自己內在弱點，文明人反而在未開化的周遭環境裏墮落了。原生屬於晦澀的本能全被喚起，Kurtz 終被自己極端腐化、變成可怕惡靈而受驚嚇，最終徹底崩潰！

被自己良心打敗，Kurtz 起碼是個有反省力之士。

多年前，不眠之夜，電話線上夜談，一位擔任研究所長朋友：

「昨晚，夜闌人靜，靜靜回顧前塵往事。一些掠過畫面，驚訝自己竟然做過某些事情，說過一些話，覺得自己挺可怕！那個時候我怎麼會那樣？現在想想都恐怖。」

打從心底，非常敬佩她的勇氣，去認識自己靈魂黑暗蒙昧一角。

「人有作惡的無限潛能。」北韓作家姜哲煥在十年勞動改造中，最深刻的體悟。

六、

雖然如此，人活在世上目標之一，仍有些好行爲，能成爲別人祝福，鄰舍因而蒙福。

對門老師留下食物離去沒多久，那位早先前來訴說心曲同事，也起身準備告辭。我趕緊將那束野薑花抽出，甩掉一些水，快速地包裹在幾張舊報紙裡，遞出：

「送妳！」又囉嗦一句：「有些事，唯有等候。」

十月中，攝氏二十九度，舒適宜人美麗早晨。我願野薑花能撫平糾結纏繞層層憂傷，理出一個清明心境。淡語：「這是妳可以選擇的路，也是妳可以走的路。」

有些事，沒有埋怨，只能意會，無法言傳，一切流露在無言！

我相信：「每個人有每個人不同委屈！」

七、

十月下旬，一封伊媚兒來自於系上一位年資較淺女教師：

「……若過去我對系上老師有任何冒犯，請大人有大量，不要跟我這晚輩計較，不勝感激。」

原來這是一封寫給退休老師、但目前仍回到系上兼課老傅的信函。

他們兩人一連串信件來回紀錄，全掛在一起。順序讀下去：

「……你的敏銳直言，讓我知道我是多麼無知又差勁的晚輩。不過，我除了道歉，還必須再解釋。很多行政工作我無法參與，像是教評會。所以新老師聘任過程和新課程，我都沒能參與。而我能做的只有協調和聯絡，目的無它，只爲了課程更完善。絕無惡意。看來那封信不只冒犯了您，對其他資深老師一定也很不禮貌。我會一一去認錯道歉，這都得感謝您提醒。而您對系內墮落沈淪感到失望，我也會向老師們傳達稟報。畢竟您的一席話是多麼珍貴有益，正是拯救本系的良藥！至於我不打招呼，可能是因爲我在俄國被俄國人訓練的。在俄國，不認識的人絕對不打招呼。即便是認識的人，打招呼時也很少面帶微笑。他們甚至有一句俗語：『只有白癡和笨蛋，才會無來由得跟人微笑。』此話是千真萬確，若您不相信，可以請問任何您遇到的俄國人。日後，我得學習慢慢改進這個壞習慣……」她回信。

老傅之前抱怨她一封長長信件：

「有關開課的事，因爲妳不瞭解我開課的歷史背景，以及不清楚課程所需師資，所以才會寫那封信給我。……對我而言，返校兼課只是爲了防止老人癡呆症提前到來，以及學生對我的課，有很多有很大的期待。我不是爲了區區鐘點費而來，更不是爲了虛名而來。……系上現在亂七八糟，是因爲十年來系上倫理淪喪、長幼無序，這是我退休的原因。系上缺乏教授、副教授、助理教授長幼有序的倫理，更不懂敬老尊賢的道理。……現在呢？同事間互相鬥來鬥去，還告到法院，笑死人了。……不像過去我對比我年長教授的尊敬。……教學行政經驗三十五年，因此妳把我和一些剛畢業的菜鳥相提並論，實在是太侮辱我了。我不是一個很苛刻的人，相反，我是系上很多人的貴人，又我培養的年輕人更多得難以數計。說實在，我第一次看到妳的時候，我覺得妳不太會對人作禮貌上的招呼。對迎面而來的老先生，簡單的點頭都不會。多年來，我們之間幾乎完全沒有來往，該怪誰呢？至少我已經很誠心誠意地告訴妳的問題所在，妳接受或不接受，都是妳的事。」

八、

周遭不少事情，還真說不出個準來。因爲看出，聖經時代恩恩怨怨，卻也一再地重演不歇至今。難道至死方休？

大學校園內人際生態系統，千絲萬縷。人人從中取得賴以爲生要素，在微妙平衡中尋獲求生之道，貫穿了整個校園故事。

面對一段令人灰心友誼，固然煩躁、緊張、惹惱和悶悶不樂。然而，猜想，唯一出口是隨遇而安、內心安靜和微笑面對。畢竟，人生苦短，何必小題大作，賠上自己的喜樂？喜樂，多無價，唯有活在喜樂中，活出真實存在感覺，才是唯一王道！

自問：要是感受到對友誼失望所產生缺口？料想，我會轉身望向野薑花，學習花兒從容與包容：「那麼用原諒和書寫去填滿那缺憾，預支明天的夢想吧！」生活才能繼續過下去？

剛送出去野薑花瓣，它飄散著濃郁香氣。葉子和根莖，整株看起來就是天然新鮮。

自問：「一座生氣勃勃成長校園，是一座生命島嶼？」

「或許吧！」自答。

來去馬來西亞蘭卡威

身在亞洲著名海灘渡假村，卻了無休閒心情。整個心思反而專注在：現今世上任何一所有理想與企圖心大學，都會關心自己在世界教育地圖上，其耕耘及辦學成果等總總表現之定位和價值爲何？除了耳熟能詳上海交大評鑑世界大學排名報告外，近年來，另一個引人注目評鑑機構之一，就是二〇一〇年四月十九日至二十一日，我和副國際長陳教授一同出席在蘭卡威舉行第三屆世界大學排名 QS（英國高等教育調查公司）World University Rankings 會議。該評鑑機構年度大學排名報告，因刊登在時代周刊而受矚目。

出發前，我打了個電話給國際長辦公室助理詢問，有關本校最新版英文簡介，並索取一疊份量塞進行李箱備用。

一、

第一天和第三天行程類似，不是在飛機上就是等候轉機過程中渡過。

四月二十日，全天候會議活動是重頭戲。當天，我們才有機會聆聽此次大會主題、進行和其他與會不同國家地區代表們彼此交流互動。一早，第一件事，我和陳教授將特地從台灣校園帶來更新版「交大英文簡介」，一份份放置在會議桌面上，以利參加會議各國大學代表能認識交大。休息時間交換名片對談，更是介紹交大良機。不同學者、教育專家分別來自於日本、印尼、馬來西亞、沙烏地阿拉伯、韓國、香港、泰國、中國、伊朗、英國、新加坡、澳洲等地。同時，趁機與國內台北醫學大學副校長、國際事務長和雲林科技大校長等人碰面。

世界媒體包括台灣，近年來，都重視且熱衷競相報導世界大學排名排行榜相關消息。愛爾蘭 Irish Independent 媒體稱：「世界大學排名，已被視爲一所大學學術年度表現的動向標誌。」美國 US News&World Report 直言，世界大學排名已在國際上漸獲重視，同時，這些排名對那些即將成爲大學生和政府政策制定者而言，都有不可忽略影響力。

至於 QS 評比指標大抵分爲學術界人士評比占百分之四十、雇主評比占百分之十、外籍教師人數及外籍學生人數占百分之十、教師與學生比率占百分之二十、教師研究報告被引用次數占百分之二十。尤其注重人文藝術、生命科學和生物醫學、自然科學、社會科學，以及工程學與資訊科技這五個領域。另一方面，英國泰晤士報高等教育專刊（Times Higher Education）進行世界大學排行榜調查，迄今已九年。其評比指標則包括使用教學與學習環境、學術影響力（論文報告被引用情形、研究報告發表數量、引用情況及聲譽、國際師生人數、發表論文數量）、研究資金與產業創新等項目進行分析。

時空不同，國內大學也開始強調國際化。交大就國際展望部份，憶起日前在學校由吳校長、許副校長主持一場校務推展會議中，曾討論到本校國際事務處未來規劃國際學院一事。於是，在蘭卡威會議現場，當 John Molony 先生發表完「澳大利亞國際高等教育發展的策略」演講，緊接著十分鐘 Q&A（問與答）時段裡，舉手順道提問，在台灣的交大如何能永續經營一個成功國際學院？基本要素爲何？從事國際教育工作長達十七年經驗 Molony 先生建議，應著重：

全程英語教學。

統合力（integration）和地方性向心力（magnetism）之建立。因此鼓勵國際外籍生多多融入大學校園，以及參與地方性在地這兩個不同社區。

提供完備住宿環境（accommodation），安排外籍生和本地生合併住宿。

成立一個 A Buddy Program，將來自不同背景學生連結在一起，彼此交朋友，結爲學業上、生活上夥伴，互相學習與成長。

規劃完善的新生訓練。

營造聲望（reputation）。除了優良精美行銷題材與文宣外，提供足夠資訊好讓外籍生事前有充分準備。並將正面學習及生活經驗、研究水準、教學精進等成效，納入宣傳管道。

二、

返國不久，於五月六日星期四下午兩點鐘，在教務長辦公室，有個機會和黎教授與 Wallace 先生三人共聚分享「世界大學排名」此議題帶給本校參考之價值。

之後，於五月十四日上午九點鐘出席由許副校長主持「QS 世界大學排名」會議。會中，我說明四月十九日至二十一日赴馬來西亞蘭卡威，參加「QS World Class 世界大學排名會議」相關內容報告。會中，我建議研究發展處與製作國際文宣時，可於不同媒體上設計生動的視聽影像畫面。至於文字敘述部分，文宣內盡量減少句子描寫，可改用簡潔條列式並配合圖表以襯托出重點。

三、

回頭一看，馬來西亞蘭卡威世界大學排名國際會議，難得有機會和副國際長陳教授同行並分享彼此心得。

輕鬆心情，要在會議正式結束後黃昏時分，才逐漸散漫開來。因爲，打從一進飯店開始，一場接一場演講討論和聚餐社交，紮實隔絕了飯店外屬於蘭卡威誘人海濱沙灘、椰影木屋、和日月星辰。

由於次日凌晨，就得趕飛機返回台灣校園。善用僅餘數小時寶貴時間裡，我們決定留在飯店一樓大廳，挑個有海樹夜景餐桌晚餐。用餐間，觀賞男女歌手在鋼琴酒吧展喉高歌。馬來西亞休閒氣氛，對有公務在身的我們而言，卻是在離別前這麼一小段吃喝聽歌閒談氛圍中，被挑起。

當晚，我點了厚片多汁牛肉餅、番茄生菜大漢堡、肥胖金黃薯條和一大杯充滿氣泡可口可樂。

我告訴他：「很多年以前，結伴去泰國旅遊。」導遊安排乘坐遊艇出海那天，天氣炎熱。男女團員迫不及待地在簡陋碼頭邊一家小店鋪內，爭相購買飲料解渴。記憶中，旅者無不被冰櫃裡透明玻璃瓶內五顏六色如藍、粉紅、橘、綠異國瓊漿玉液所誘惑。人手一瓶，各異其色，結果，大失所望。往後數日，只要遊街觀光路途中得消暑解渴時，不少人點可口可樂，以求安心不再意外受驚。風行全球美國品牌可樂，已成爲地球村最大公約數清涼飲品。

甚至在國內，某個春日，小四要回加拿大。妹妹和我身爲小舅小阿姨，特地從台北開車送行。抵達國際機場，看了下手錶估算，兩個小時後飛機才會起飛。一早，三人匆忙趕路都沒吃什麼早餐，於是，走向餐飲樓層挑選餐食。台灣小吃、北方麵食、西式套餐之類供挑選。結果，價貴不說，味道實在有夠令人難嚥。詫異，口味怎麼都比不上一般傳統菜市場內攤位食物？

從此，從國內國際機場開始，一直延伸到世界各角落歐亞非大城小鎮。基本上，雖然仍然會大享各地風味餐，然而，我深知，在一種不確定性自由進餐情況下，我會十分樂意地點食麥當勞漢堡、可口可樂、肯德基炸雞等，這些絕對不會令我意外又無限懊惱。美式耳熟能詳食物品質與品味，一定會如預期中全球化「安全」期待。在國內絕少碰觸漢堡炸雞可樂，弔詭是，在不同文化陌生環境，我卻視之爲人間美味，帶給我無窮盡幸福感。

對方莞爾。陳教授接話：「這次國際會議，算是最輕鬆的一次公務之旅！」以往，他說，趕赴不同國家大學校區去訪問交流，都是公事業務告一段落後，即刻上飛機返校。對當地旅遊印象，完全乏善可陳。

四、

回首，從馬來西亞蘭卡威飛回台灣機艙裡，兩人彼此交換與會心得感想。都有同感，這樣一個國際會議多少是有些商業行銷味道。處在二十一世紀，一個大學經營固然要秉持一個中心理想，亦可以去補強與思考行銷策略，盼世界排名提升，何嘗不可？關於如何善用經費和人力，那得要考量與深思。

日月潭的斜坡

冬午，國內外三、四十位老中青三代學人，三三兩兩歡聚於午後風光明媚日月潭畔。數場密集研討會後，人人臉上露出難得課間休息般心情。浸身綠蔭、陽光、鮮美空氣中，沿著斜坡下山，朝向潭邊碼頭。走在最前頭，本次國際會議召集人也是本校通識教育主任委員李教授在隊伍前突然猛個回頭，喊了一聲「謝康倫」陌生中文名字。他似乎無言地用眼神善意提醒對方漫遊、欣賞日月潭沿途山光水色之際，別只顧著和身旁同伴聊天，而迷路或離群。

納悶?猜想李教授是和後頭哪位賢達之士在講話?我也一個轉頭，結果，驚訝地發現他是白髮皤皤與會美國學者Conrad Schirokauer 教授。當初，乍聽之下，我還以為是哪一位與會本國骨肉同胞!湊巧，謝康倫即是當天早上，由我主持一場「Liberal Education and Liberal Traditions in East Asia: "General Education" in East Asian Historical Context（II）」研討會中演講者之一。

謝康倫是美國哥倫比亞大學教授，足跡曾遍及法國巴黎並遠赴日本、中國等地從事研究。他所發表研討會與期刊論文，大抵以中國宋代知識份子歷史爲內容。他當前研究以中國宋代對歷史觀察和態度爲宗。作爲一位教科書作者，他在一九八九年所出版有關中國和日本文明書籍，獲得好評。另有兩冊書亦是分別討論中國與日本。

本次研討會演講，謝康倫報告他和創辦及指導哥倫比亞大學亞洲文明文化核心課程已近六十年的 De Bary（狄培理）教授，兩人經常在一起切磋重要理念之一：閱讀經典作品原文（The Reading of Original Texts）。

哥倫比亞大學核心課程精神，在於鼓勵學生們勇於思考、主動去釐清他們對諸多議題之見解。重視學生們在整個學習過程中，所激發出探險與啓示。有趣地聽聞到哥倫比亞大學內亞洲文明與文化課程，其書單包括了論語、源氏物語、紅樓夢、詩經等。哥倫比亞大學期望美國青年學子能夠多多接觸那些雖然彼此看似文化相異，但是本質上具有共同特徵文學價值。謝康倫深信東亞經典作品，確實能夠啓發美國青年讀者不同方法途徑、不同詮釋之外，並且能強化學生們在多樣文化氛圍中，被激發出某種對共同普世價值之鑑賞力。畢竟，東亞地區或其他世界不同角落所發展出來繽紛多彩、多元經典作品，均具備了下列兩種普世性特質：一爲作品中對意象描繪、對道德精神上寓意之描寫、對人物不受環境影響而傲立堅忍特質之描述。一爲字裡行間所流露出來，音樂性與優美文字語言。

謝康倫同時詳細介紹，七年前哥倫比亞大學「亞洲及中東委員會」所倡議多元文明核心課程，是如何地一路發展下來，直至今日之新階段。從當初秉持著哥倫比亞大學長久以來對經典核心、全球化教育承諾之邏輯依據，一直到如何採取實際步驟來解決教員面臨問題、經費、課程設計及永續發展等議題之階段。他們進一步觀察到多元文化深義，在於他們畢竟是可以用同一標準來衡量、且互爲相稱。

這倒憶起，前一天，日月潭教師會館第三會議室將要舉行另一場演講討論會。匆忙赴會途中，我竟然在樓層間迷了路，心慌。喜見迎面而來一位西裝筆挺斯文東方男子，於是抓緊機會，劈頭問：「第三會議室在哪？」對方停下腳步耐心地指左指右後，雙方這才再各奔不同方向。納悶：「剛才那個人中文聽起來應該還算流利。但是總覺得有點京味，卻又那麼不全然像是北京土生土長的大陸人。」隱隱約約之間，還是詫異片刻。

次日，走進即將主持會議現場。赫然發現昨晚指點迷津男子，正安靜地坐在演講者席位上，面前的名牌寫著中文名字「齋藤希史」（Mareshi Saito）。恍悟，原來他就是我在不久之後，將會介紹給會場人士的日本學者齋藤教授——現爲東京大學中國文學與比較文學教授。他曾去過北京學習中文僅一年，中文口語能力卻是如此令人刮目相看。仍記得演講中，他將時間分爲三個不同階段，以及各階段現況發展情形：

「現代紀元之前時期（Before the Modern Era），中國及東亞地區文化領域上，人們共享一種共通經典基礎，即普遍使用中國文字以及閱讀中國經典選集。此時期被稱爲經典世界。至於知識依據之本，爲儒學及中國經典文化作品。

現代紀元時期（In the Modern Era），中國及東亞地區文化重心之轉向原因有二：歐洲的文明與民主主義。除了中國之外，東亞地區在本階段知識根據，都經歷了一種轉變，而漸漸重視起科學、模仿歐美政治系統、歐洲經典文化。

至於今日世界（Today），中國及東亞地區，此時，強調「新經典教育」（New Classic Education）。努力去尋獲一種既具有多元又具有共通性的文化資產，加上全球化多元文化觀點已形成之事實。但是，應盡量避免國家主義和種族中心主義。」

綜觀上述美日學者論述，不論在西方學院內東亞文化核心課程推動、或在全球化氛圍下多元文明核心課程之推行；還是中國儒學及其經典文化，與西方科技政治，兩者如何在中國和東亞地區先後影響及演變；還有一直到現今「新古典教育」成形等等。就在主持完那一場國際研討會後，我開始咀嚼、回味當日學者報告所言：

「……我們，不管是過去還是現在，南或北，東或西，都屬人類一族。」

四海之內皆兄弟！四海一家！經過沉澱、沉潛後人類多樣文化，像是時間沙河長流，經歷了歲月。終究，河水逝盡。結果，僅人性中真、善、美普世價值存留下來。這時，清晰地看見河床底部，僅留永恆，歲歲年年。

那一場來自美日兩地學者學術討論後，午后，來自國內、大陸、香港、美國、日本多位學人郊野遊湖。當告別遼闊潭水、自然景物，回程，登山讀書。轉身，山水雲靄，蕩滌如洗！

飛出清華園

驪歌初奏，六月，離情漸濃。有晴有陰清華園內，常見頭戴方帽身著大黑袍學子們，難掩興奮之情，紛紛在鴿子廣場公共藝術「清鏡」，清華之鏡，前擺姿留影。

一、

今天，放置在於舊總圖書館、數學系、物理系和藝術中心路口上，鴿子廣場，是公共藝術環境雕塑群「清鏡門」角落。來往飛鴿、陽光，或是前來拍攝畢業照應屆畢業生，一連幾週下來，成為校區地標上繽紛訪客。

多年前，驚喜地初遇細琢風雅清華小白門，被方整巨大、質樸水泥方格框住。那一天，讚賞空心而非實心的設計，不禁想像著風兒如水紋自由地穿越，真是精彩感官視覺形體和抽象視界。不幸地，幾天後，空心處被介入了大片膠合金屬鍍膜玻璃。一切創意留白想像，就這麼給限制住！不再美麗，僅落得感官疏離，任憑扼殺浪漫，哀怨中，獨自嘆息！

雖然如此，清鏡門，依然保留了大學生們對清華園悠悠記憶與感情。

二、

今夏，受邀於清華大學畢業典禮上致詞者，爲國內一位知名教父級出版人。具有經濟學者、教育家、出版人多重身份。他期許畢業生「作一位內外兼顧的知識人」，專業內要內行，專業外不外行。尤其聽到他是多麼期盼清大人，是兼具專業與通識的知識人，而喜出望外。這和當天清大校長所強調「具備科學與人文素養的清華人」，有異曲同工，均嚮往「文藝復興之人」養成教育。似乎，兩人話說通識課程在大學教育規劃中，有如一片樹葉，化作春泥，滋養未來人生的土壤、森林和天空。

記得一位教育家曾對大學通識教育觀察爲，它如同一個偉大城市、美麗城市的下水道，雖然看不到，可是很重要。

處於二十一世紀新時代裡，欣見教育家與社會人，紛紛著墨大學「通識」教育重要性！這對於獻身此一領域教學、且屆滿二十餘年一份子的我，焉有不喜之理？

三、

可預見未來在綜合一館四〇二教室內，再教授通識課一個學期左右，就是選擇退休時刻。樂見教師們後浪推前浪，帶給新世代莘莘學子新一波朝氣與生命體驗。新世代，有自己歷史篇章要去填寫。世人都是可以被取代的，無一例外，不可能被神化或者是自我神化。在下一直深信不疑，處在變遷與變化時間國度裡，「一代比一代好」！

由於清大畢業季節，今夏，我悄然回顧起共同科目、通識教育一路發展軌跡。勾起二十年前第一天、八月中旬，踏進交通大學新生館二樓研究室剎那間，持續至今日點滴回憶與省思。另一方面，相對於台灣，藉由二〇〇八年一場由交大主持「兩岸高等教育之通識教育」座談會，得一窺海峽兩岸在教務及通識教育發展概況、改革過程和面臨問題等原貌。

新竹交通大學與通識教育

在這兒，通識教育乃培養學生融通器識、學生具有跨領域基礎。

大學擔負着一代代精英責任，決定着國家走向。大學，作爲社會精神家園和人才培育園地，始終肩負着通識教育完善人格培養這使命。

通識教育是宇宙人生問題整合性啟示教育，而且必須要與系科專業教育共同搭配成就一個全人教育。基本上，全校性課程地圖是由專業系科教育與通識教育相聯合。通識教育本質，在於啟發學生思考能力和提升學子生命價值與意義。完善通識教學，是引導學生去思考生命價值與意義等內省，使學生們能夠適存於激烈變動的二十一世紀新時代。換言之，大學通識教育，除了專業知識架構外，還要提供多元性、跨領域、互補性知識和核心價值。因而青年人得以全域性思維，接受環境挑戰，爲人類解決問題。通識教育是大學教育核心、專業教育基礎。

至於交通大學通識教育基本目標，分別強調學生獨立思考與批判思辨能力、關懷當代人類生活、國際視野、公民意識和參與社會之動能，以及理性溝通與領導才能。

早年，交大通識教育，原本設在教務處下「共同學科」來負責推動。一九八五年，教務處共同科再增加通識教育課程，並增設通識課程教學組，負責規劃與開授六至八學分通識課程。

一九八七年十月，政府解除戒嚴，並實施大學教育改革，以推動大學自治。

一九九六年九月，司法院大法官會議釋字第三八〇號解釋文，宣告大學法施行細則第二十二條第三項規定「各大學共同必修科目，由教育部邀集各大學相關人員共同修訂之」違憲。

仍記得那次釋憲不久，交大即調整並實施全新通識教育課程結構。即打破共同學科原有之國文（六學分）、歷史（四學分）、國父思想（四學分）、通識課程（八學分）各類原訂之必修學分與科目，合併爲二十二學分之通識教育課程。

二十年前，剛來交大校園，那時候，英語教學組亦歸屬在共同科目之下。不過教務處於一九九八年夏天，分別成立通識教育中心和語言教學與研究中心。通識教育中心將原共同科目之國文教學組、歷史教學組、國父思想教學組、通識教育教學組合併爲同一單位，負責規劃二十二學分之通識教育課程。英語教學組則成立語言教學與研究中心，負責規劃六學分之外國語文課程。

交大通識教育中心成立後，訂定嶄新通識教育課程選修辦法（不包含外國語文課程），略分人文藝術、社會科學及自然科學三大領域課程。並於二〇〇四年夏天成立通識教育委員會，下轄通識教育中心及藝文中心兩個單位。更於二〇〇七年，推動因應新時期做出課程調整，規劃成必修和選修兩大類。必修課程明訂「當代世界」，二學分。至於選修課程又分爲五向度（文化經貿、歷史分析、公民社會、群己關係、自然科學），三階段（基礎課程、進階課程、專題計畫）。

二〇〇八年那場兩岸座談會主席、交大通識教育主任委員李教授，在會議一開始即指出，交大通識教育基本上是自由化。通識教育理應把人提升到一個更高層次，孕育出對國家、社會有貢獻，成爲一位有用之人。

每一學期，交大通識教育中心提供兩學分必修課「當代世界」；課題可分爲國際政治組織、社會問題、國際經濟，以及個人認同。根據人類知識，該中心基礎課程則開設一百多門課，好讓學生們自由選修。通識加上外語，大學生必須在畢業前修滿二十八個學分。

同時，交通大學每學期爲學生舉辦多種藝文活動。通識教育中心也規劃出系列演講，並邀請學者、專家、意見領袖、社會賢達等人士來到校園，每次導讀分享一本有意義書籍，非教科書爲準。還推動「新文藝復興經典閱讀計畫」。

這些努力，無非是培養、充實校內學生全人教育涵養。

二〇〇八年那場兩岸會議裡，新竹交大列席代表爲教務處主管，席間，她提到本校通識教育與教務現況：通識教育受到校方重視。跨領域知識加以整合，以探索人類文明新知。以突破創新之科技研發，解決人類所面臨挑戰。著重整合，以學院與研究中心爲資源整合中心，組織重整合併。著重跨越，跨領域，全球化新校區發展，跨校合作（如台灣聯合大學系統）。著重世界級研究中心。整體制度與組織運作，例如系所合併，資源集中。強調基礎建設及優質校園。加強卓越教學與學生輔導。多元彈性招生策略，例如：高中生可經由多元、熱情等不同管道進入交大之門。鼓勵頂尖研究。人文社會領域重點發展等。

通識教育在北京大學

北京大學教務部部長暨北大政府管工學院關海庭教授，也於那次兩岸教育交流討論會中指出：「期望北大和交大未來能夠有經常性聯繫、交流、學生交換等發展。」接著，介紹了北京大學通識教育發展概況、通識改革過程、發展期間所呈現出來問題。

北大自從一九七七年大陸改革開放以來，已經歷經了三十年餘通識教育發展，通識選修課程目前已有三百門之多。學生必須修滿通識十六個學分，每門課爲兩學分。而在五大類課程規畫裡，例如：數學與自然、藝術、歷史、哲學等，學生得在每一大類課程中，選修一門課，如此，共有十個學分。另外其他六個學分則開放自由選課。

加強基礎：專業課程和通識課程兩種教育力求平衡。在專業課程裡，北京大學資助主幹基礎課兩百九十五門。

尊重選擇：北大在二〇〇一年啓動元培計畫實驗班，開放學生第一年不分專業。以元培計畫之名來招生，入學之後一年半，學生再依自己興趣選擇專業直到畢業。這幾年下來，從早期八十位學生發展到已有兩百一十八位規模。北大，擁有十五位全大陸高考狀元在實驗班內。二〇〇七年元培學院焉然誕生，校方全然開放轉系、轉專業方針，學生也有百分之十做這樣選擇。

鼓勵創新：北大一向鼓勵本科生從事科學研究，成績還算斐然。因爲估計約有百分之八十本科學生參與科學研究。

北京大學通識改革過程：第一階段是一九八八年北大校慶時，校方做了一個問卷調查，發現一半以上校友並未從事自己專業。當下，校方開始思考淡化專業，增加通識課程。而此規劃，在當時，北大並沒有硬性規定，也沒有清晰系統可言。第二階段是一九九八年時值北大建校百年。元培計畫實行之外，通識課程也擴大建設爲三百門課程。此時，通識教育課程規劃，不但較前更體系化，而且力求課程整合，以發揮最大效益。第三階段：二〇〇二年北大發展出一系列配套措施，例如：導師制度、雙學位、輔修制度等，其中，據估算有百分之四十學生選雙學位。元培計畫、通識課程選課制度之改革、鼓勵學生科學研究等，都是北大努力方向。

至於北京大學發展教務以及通識教育多年來，所發現一些問題。關部長也坦言校方還是會面臨一些困惑，諸如對學生指導不夠。雖然尊重選擇立意頗善，但是導師制度有它改善空間。因爲學生找老師不太好找，師生交流不夠。校內設有元培學院和光華學院，招生到不少狀元學生如此好條件，然而，學院卻面臨學生多、老師少窘境。

另外，各種政策之間存在矛盾，亦浮現出來。例如校方鼓勵學生多閱讀，另一方面卻推動雙學位選擇。一般而言，大學生要修滿一百四十學分方得畢業。但是如果是雙選修，就得另加四十學分，如此，學生就得修滿一百八十學分才能畢業。這樣一來，造成一種矛盾現象，那就是上課時間多了，相形之下，閱讀時間益顯不足。

關於課程質量問題：老師的時間精力外流，雜事太多。於是乎，高水平專業課業以及通識課都有待加強與提升。

上海復旦大學的通識教育

復旦校園裡，通識教育期望復旦人在生命成長過程中自我探索與實踐。

八〇年代，文、理、工相通。

九〇年代初期，啓動學分制，遵行「寬口徑、厚基礎、重能力、求創新」。

九〇年代末期，則朝向深化學分制改革，調整課程結構方向。

二〇〇二年，轉專業可行性之探討。

二〇〇五年，成立復旦學院（Fudan College）及復旦大學通識教育研究中心。

二〇〇六年，推出復旦大學通識教育核心課程。實施自主選拔錄取，意思就是大學新生來源不需要通過大陸高考這一關，仍可被復旦錄取，那是因爲學生以通過復旦水平考試爲準。復旦大學自主招生，學生不必高考。然而一般高中畢業生不分文理，必須考試十個科目，旨在期望一位有潛力學生不可太過偏窄等素質。

二〇〇七年，推動全校性通識教育大討論，同時啓動核心課程教材編纂及出版。同時，創刊復旦通識教育研究。

二〇〇八年，檢視通識教育課程體系完善性，另重新檢視專業教育之改革與討論。

說到核心課程思考及區位，該校學分課程板塊，其中包括凸顯復旦價値之通識教育核心課程，以價値爲主，而非知識爲主。之外，又有分類學分課程板塊和專業教育板塊。

四、

誠如一位教育部大學評鑑委員所言：「如何在教育歷程中，尋找出『人』，讓人能有一安身立命之處。」通識教育最需要「從『存在的覺知』上及於『概念的反思』，從『生活中的實踐』而上及於『理念的貞定』」。

常在想，如何教授一門成功的通識課?這是否和教授一門專業課程一樣?除了教學技巧之外，更重要，是教師態度與投入：他（她）是否具備或擁有敬虔良知如宗教？春風化雨揮灑如文化？教育行者如詩人？

多年前，和一些老師們在市區中午聚餐後，驅車返校途中，掛念著下午教課，而急欲返回研究室。

「你課還沒有備好？」對方認真地問。

「已經準備好！只是，上課前，我都會留點時間給自己，獨自安靜片刻。準備好自己心情，然後再去面對一教室年輕學生們。」

多年過去，我依舊如此。

「教書教這麼多年了！現在，每次上課你還會這麼緊張？」某次，另一位老師笑問。

還有，走廊上巧遇同去一間教會作主日崇拜女教師，兩人站著閒聊一陣。

「的確，每次上課前，我都會心存敬畏上帝心情，或默禱，或祈禱。將自己、即將面對學生們、教與學時空氛圍都擺上。因爲，很敬畏講台下那一張張年輕臉龐、一顆顆年輕鮮活心靈與貴重靈魂！」

她也深表同感，兩人因而興奮莫名，如遇知音。

春天，週末午後，又是從市區和一位老師兩人聚餐後駕車返校。途中：

「在交大教書歲月，是我一生當中最珍惜、最快樂時光！沒有一天不是如此。我是不會願意將它和任何東西交換。」我說。

仲夏，美國史丹福大學戶外，結滿黃澄澄檸檬樹下，我和取名爲 Jeffrey 交大學生在野餐木桌上共進午餐。用餐間，我順道關心詢問一下 Jeffrey 在「美國與言語文化」暑期課高級班學習近況。末了，他發問：

「老師，你帶我們來到美國，擔任教師顧問（faculty advisor）這個工作。爲什麼我每天看到你，你都是那麼興致勃勃地周旋在不同學生之間問長問短，你不累嗎？換做我，不到兩三天下來，我就會嫌累！」

雖然被突然一問，我倒也淺笑道：

「確實，這份工作是沒有什麼誘人酬勞。不過，我覺得能夠和來自台灣、美國、日本學生、教師、行政人員互動交流之外，在這兒，我也盡可能地幫助你們學習不同語言文化和成長，這不是很有意義嗎？」

沒有說出口，一天當中，我和所有人一樣，的確偶而會有不同心情寫照。不過，一旦要面對學生，出門前，一定得將心情整理好。

翌年，春季學期即將結束，期末尾聲漸近。近乎空蕩教室裡，我正在等候最後一位埋首作答電信系學生。終於，收筆，闔上作業簿，整理書包，他起身交卷。師生行禮如儀，並輕鬆問答一二。

「老師，這學期你開美國文學課，每年都重複教學，你不會覺得單調無聊嗎？不覺得累？」學生問。

「這問題很好！我也很高興你這麼問。我回答你，不會！爲什麼？這就好像氣象觀測員觀察天邊雲朵，我觀察大學生成長變化。教書工作看似一成不變，其實學生百百種，在千變萬化有機互動中，哪有時間去思量單調、枯燥與否？這是我的選擇。這就好像百老匯演員，同樣舞台劇，每天午場、晚場演三場。不僅如此，一演演個二、三十年不間斷的演員，也不稀奇。每一場台下觀眾心靈被打開，而且他們眼睛雪亮如水晶。台上台下是個有機世界！那麼舞台上演員們熱情從哪來？想必是他們對這項人生藝術的選擇與摯愛！這，就是文化！」我隨即回答。

五、

早春，週末。返校，一個人待在研究室張羅一些教材和寫作。抽空打開電腦檢查一下電子郵件時，蹦出一封來自土木系四年級男同學來函。主旨上寫著長長一行：老師，我是修您莎士比亞星期五早上第一、二節課的學生，抱歉早上沒去上課。內容：「老師很抱歉，早上我沒有去上課，因爲我四點半丟洗衣機的衣服，它一直給我洗到七點四十分才好。撈起來改用手洗也不對，因爲根本看不出來洗衣機進展到哪裡？後來探明，是因爲八舍二樓有水管爆了！洗衣機供水不正常，正常來講，洗加烘最多三個小時，由於總不能只穿著一條四角褲去上課，所以缺席，很抱歉。」

六、

教學，多年下來深切體會，它猶如藝術創作。

一月，不住地探索如何在從事藝術熱情中找到平衡？我直接去生活中敏銳觀察、去默想不同情境，並吸收身邊有趣冒險經歷。藝術，寄望著，不但深具影響、改變一個人行爲，同時也能啓發其思考新模式。

二月裡，我尋找教育工作是否宛如一則有關變化和超越，兩者孕育出隱喻上的翅膀？未忘初衷，熱愛與謹慎未走樣？看重真實性，花時間在不同學生身上撿拾有用之物，加以分類，淨化發亮，好塑成一尊雅致藝術品。

三月，尋覓優質錄像、幻燈片作品般，提供一條通道來沈思地凝視赤子之心和回憶，找到新意義。

四月，非常關心記憶一事，又人們如何詮釋、瞭解集體或個人的歷史？

五月，尤其好奇那些被人視爲古怪、怪誕者在外觀或形體有所改變後，反而蛻變成藝術？

六月，教育或藝術，是對社會和文化一種反射？

七月，世界，一直不斷地在涌流。我們又如何於此時此地重振已逝之精神？如鏡片，聚焦在地球、世上極欲恢復那已失去自覺，這兩者平衡點上。

八月，創作者誘導出人們種種好奇心，使得原先看來無奇、既熟悉又平凡之萬物，展現出萬道新光。一旦使人們想像力被觸動，因而有了新看法，重新估計平常之物；或者在底層、被冷漠的事物中看到救贖、優雅趣味，那麼，他是教育家，她是藝術家。

九月，藉由切刻、塑造，顯示了每條木質紋路及其層層線條顏色，拼湊起一幅美麗風景。

十月，教育工作者或美術從事者，在一片沈寂中不但找到自己聲音，更在創作中遇見語言、過程中欣見對話，而忘憂。後來，那是一個介於記憶和內心深處的渴望世界，藝術最終歸屬的世界。

十一月，希望人們共同體驗且欣賞所居住的星球、所處的歷史與繽紛形體。

十二月，飛翔天空，俯瞰大地、大自然。

七、

轉眼，已在交大服務二十多個年頭。
這樣選擇，這樣心情
這樣態度，這樣文化
與這樣如詩藝術人生，未曾變心！
為此生命中核心價值，而感謝上帝！
感激這些年來與我同行、共度歲月那群青年學子們。